湖南省教育科学规划课题"国立师范学院对湖南教育与文化的影响的研究"
研究成果（课题批准号：XJK014BZXX034）

钱锺书在蓝田

QIANZHONGSHU ZAI LANTIAN

吴勇前 著

知识产权出版社
全国百佳图书出版单位

图书在版编目（CIP）数据

钱锺书在蓝田/吴勇前著．—北京：知识产权出版社，2018.11
ISBN 978-7-5130-5855-1

Ⅰ.①钱… Ⅱ.①吴… Ⅲ.①钱钟书（1910—1998）—人物研究 ②钱钟书（1910—1998）—文学研究 Ⅳ.①K825.6 ②I206.7

中国版本图书馆CIP数据核字（2018）第216246号

内容提要

钱锺书在蓝田的经历对其文学创作和学术研究都具有极其重要的意义，但对钱锺书这段经历的研究却是短板。本书有力地弥补了这一短板。本书不仅综合研究了现有资料，而且大量发掘了历史档案资料。全书分23章，从工作和生活经历、思想情感、文学创作、学术研究、人际交往等方面对钱锺书在蓝田这段经历进行了较全面的具体的展现，许多史料是第一次发表，新见迭出，为研究钱锺书生平、思想、学术成就和《围城》提供了重要的新的史料与新的视野。本书适合钱锺书研究者、高等院校师生、中学生和中学语文教师阅读。

责任编辑：李海波　　　　责任印制：刘译文

钱锺书在蓝田
吴勇前　著

出版发行：	知识产权出版社 有限责任公司	网　址：	http://www.ipph.cn
电　话：	010—82004826		http://www.laichushu.com
社　址：	北京市海淀区气象路50号院	邮　编：	100081
责编电话：	010—82000860转8582	责编邮箱：	lihaibo@cnipr.com
发行电话：	010—82000860转8101	发行传真：	010—82000893
印　刷：	三河市国英印务有限公司	经　销：	各大网上书店、新华书店及相关专业书店
开　本：	720mm×1000mm 1/16	印　张：	11.75
版　次：	2018年11月第1版	印　次：	2018年11月第1次印刷
字　数：	168千字	定　价：	45.00元

ISBN 978-7-5130-5855-1

出版权专有　侵权必究
如有印装质量问题，本社负责调换。

前　言

常有人用惋惜的口气说："如果钱锺书当年不来蓝田……"意思是，如果钱锺书当年不来蓝田，文学创作和学术成就会更大。

我说，历史问题没有"如果"，但有事实。事实是蓝田虽小，但对钱锺书的意义无比重大。

蓝田，在1949年前为隶属湖南省安化县的一个镇；中华人民共和国成立后为新成立的涟源县城关镇，今为涟源市蓝田办事处，市政府所在地。1938年下半年，教育家廖世承奉当时教育部之命，择址蓝田光明山创办了中国第一所独立师范学院——国立师范学院（简称"国师"，湖南师范大学前身）。1939年11月1日，钱锺书与沈同洽、徐燕谋、周绩武、张贞用、邹文海（赴辰溪湖南大学任教）一行6人离开上海，12月4日，抵达国师任英文系教授兼系主任；1941年夏离开蓝田回上海。这不到两年的蓝田生活和工作经历对他来说意义非常重大。

一、蓝田期间是钱锺书散文创作的重要收获期

钱锺书的散文集《写在人生边上》收集了10篇散文，据美国纽约大学历史学博士汤晏考证，其中的《窗》《论快乐》《吃饭》《读〈伊索寓言〉》《谈教训》5篇散文，是钱锺书在国师任教期间所创作的，占了散文集的一半。是蓝田这新环境和国师生活激发出创作这些散文的灵感，作者以

独特的自我情感体验和观察理解为基础，借助常见的物（如窗子）或事（如论快乐、吃饭），以小见大，铺陈譬喻，妙趣横生，直指心灵，于诙谐中表现出他对庸俗、堕落、虚伪的鄙视与尖刻嘲讽；或对普通事物提出新的认识和深刻的见解。

二、蓝田期间是钱锺书学术论文的发展期和学术著作的初始期

国师初创，条件艰苦，但是学校图书还是比较充实的。国师接收了山东大学和安徽大学的部分图书，还出资典借了湖南南轩图书馆的全部藏书。南轩图书馆的藏书，几乎囊括了中华全部典藏，如《四部丛刊》《四部备要》《四库全书珍本》《丛书集成》《古今图书集成》，还有明清名家诗集刻本。教学之余，钱锺书熬夜苦读。有了丰富的图书资料，钱锺书便着手进行学术论文和学术著作的写作。

钱锺书的学术论文集《七缀集》收集了他的 7 篇学术论文，书中的第一篇《中国诗与中国画》，是钱锺书应当时的昆明国立艺术专科学校校长滕固的邀请而撰写的讲稿，在国师修改成稿，最初发表于 1940 年 2 月出版的《国师季刊》第 6 期。1949 年前曾经在其他刊物上三次刊载。它融通中西知识，追源溯流，对"诗画一律"和"诗画分界"作了深刻的解说，又妙喻连连。之前，钱锺书写过《论俗气》《谈交友》等文章，但这些还只能算是随笔而已，《中国诗与中国画》则是一篇立论稳妥、手法成熟的具有巨大影响力的论文。

同时，钱锺书又开始了《谈艺录》的写作。《谈艺录》序中说："始属稿湘西，甫就其半。养疴返沪，行箧以随。"钱锺书回到上海后，继续《谈艺录》下半部的写作，1948 年 6 月由上海开明书店出版，一部被誉为"中国比较文学"开山之作的鸿篇巨制便诞生了，成为钱锺书这位文化巨匠光辉的学术起点。

三、蓝田期间是钱锺书诗作的一个高潮期

这时期，钱锺书还写了几十首旧体诗，后收在诗集《槐聚诗存》里

的共34首（组，从《山中寓园》至《骤雨》），约占《槐聚诗存》所收诗作的20%。还有一些发表在国师主办的《国师季刊》上，没有收入《槐聚诗存》，如第6期共有7首，但有《得孝鲁书却寄》《余蓄须而若渠书来云剃发作僧相戏作寄之》《镜渊寄示去年在滇所作中秋诗用韵酬之》3首没收入《槐聚诗存》。这时期是钱锺书诗的体裁和题材基本完备、"炼意炼格"和"用思渐细入，运笔稍老到"、诗的创作已成熟而形成的高潮期。

在这些诗中，他写窗外之景"上窗写影几竿竹，叶叶风前作态殊"（《窗外丛竹》），"吟风丛竹有清音，如诉昏灯掩抑心"（《夜坐》）；写田野蛙鸣虫叫"阁阁蛙成市，点点萤专夜"（《小诗五首》），"蛙喧请雨邀天听，虫泣知秋吊月亡"（《山斋不寐》）；写傍晚景色"渐收残照隐残峦，鸦点纷还羡羽翰"（《傍晚不适意行》），"暝色未昏微逗月，奔流不舍远闻湍"（《傍晚不适意行》）。诗作中有"将欲梦谁今夜永，偏教囚我万山深"（《夜坐》）的孤独之情；有"涸阴乡里牢愁客，徙倚空庭耐嫩寒。今夜鄜州同独对，一轮月作两轮看"（《中秋夜作》）的思念之情；有"百计不如归去好，累人暝色倚高楼"（《晚步》）的无奈；有"欲藉昏灯延急景，已拚劫火了来春。明朝故我还相认，愧对熙熙万态新"（《己卯除夕》）对时局的忧虑之苦；有"上天视梦梦，前途问渺渺"（《新岁见萤火》）的忧愁；有"竟如道祖腹中言，可许拂衣引同调"（《戏燕谋》）的知心朋友之间的真挚之情；有"忽噫雄风收雨脚，渐蜷雌霓接云根"（《骤雨》）归心似箭的欢快……可谓精彩纷呈。

四、蓝田期间是《围城》的孕育期

这时期，钱锺书开始以自己与同事辗转千里从上海来国师任教的经历为素材，构思长篇小说《围城》。郑朝宗在《怀旧》集《不一样的记忆》一文中写道："1980年《围城》重印出书，徐（燕谋）先生来信告诉我：'锺书君《围城》一书虽成于沪，而构思布局实在湘西穷山中。四十年前坐地炉旁，听君话书中故事，犹历历在目。'"1941年夏钱锺书回到上海，1944年动手创作《围城》，1946年完成。《围城》先后被翻译成40多种外文，成为一部世界名著。全书9章，其中第5章写一行教师从上海来"三闾大学"途中的故事，第6~7章写"三闾大学"的生活和教授的众生相。这"三闾大学"是以作者先后任教过的国立西南联合大学（简称"西南联大"）和国师为原型的。小说里的方鸿渐、赵辛楣、李梅亭、顾尔谦等人物，杨绛先生在《记钱锺书与〈围城〉》中说，都可以在钱锺书去湖南执教同行的人中找到些影子。至于"三闾大学"的衮衮诸公，如高松年、汪处厚、刘东方、韩学愈、范小姐等，也不可能没有西南联大和国师教师的影子。

综上所述，蓝田的生活为钱锺书的散文、诗歌、小说创作提供了丰富的生活素材，也激发了他的创作灵感；并且为其学术著述提供了条件，使其在不足两年的时间里，获得了丰硕的成果。汤晏在《一代才子钱锺书》里说："我们可以这样肯定地说，如果没有蓝田之行，则钱锺书绝对不会有《围城》，如果说没有《围城》这部巨著，那么中国文学史就要寒伧得多了。故蓝田虽小，但对钱锺书及对中国现代文学的意义都无比地重大。"

我们还可以肯定地说，蓝田虽小，除对钱锺书的《围城》创作外，对他的诗和散文创作、学术成就的意义都无比重大。

目 录

1. 到达蓝田 ············· 001
2. 蓝田印象 ············· 010
3. 凭窗李园 ············· 018
4. 侍奉父亲 ············· 024
5. 学生偶像 ············· 030
6. 图书主席 ············· 038
7. 归计未成 ············· 043
8. 对月情思 ············· 050
9. 除夕唱和 ············· 056
10. 散步聊天 ············· 065
11. 夜坐遣愁 ············· 071
12. 伤时忧世 ············· 077
13. 散文丰收 ············· 084
14. 写《谈艺录》············· 091
15. 诗作高潮 ············· 096
16. 孕育《围城》············· 105
17. 哀滕若渠 ············· 117

18. 亲如骨肉	……………………………	125
19. 知音朋友	……………………………	136
20. 与石声淮	……………………………	142
21. 天涯比邻	……………………………	149
22. 前人是谁	……………………………	160
23. 漫卷诗书	……………………………	168
后　记	……………………………	175

1. 到达蓝田

1938年8月底，我国108所专科以上学校，被日本侵略者破坏了91所，幸存的都先后搬迁到西南、西北大后方。

当时的国民政府也认识到："教育为立国之本，本固则国强，今国弱民贫，强敌入寇，一切弱点，尽行暴露，不揣其本，更复何待。"[1] 1938年《教育部订定之战时各级教育实施方案》确定："高等师范学校制度应即恢复，以实行中等学校师资之专业训练。"[2] 1938年7月，国民政府教育部颁布《师范教育规程》，提出"师范学院单独设立，或于大学中设置，由教育部审查全国各地情形分区设立"[3]。教育部根据当时国民政府的财力、物力和战时形势，决定创办一所独立师范学院，定名为"国立师范学院"，院址暂设湘桂黔一带。

1938年7月27日，上海光华大学副校长廖世承参加上海西南实业考察团考察西南各省，归途经香港。此日，国民政府教育部电聘他和教育部高等教育司司长吴俊升、国民党中央宣传部副部长潘公展、湖南省教育厅厅长朱经农及国立西北联合大学教授汪德耀5人组成国立师范学院筹备委员会，任命廖世承为筹备委员会主任。

廖世承派员多处相择院址，都没有相中合适的地方。1938年9月14日下午，廖世承与办事员诸懋孚抵达当时的湖南省安化县蓝田镇（今湖南省涟源市蓝田街道办事处），相中辛亥革命元勋李燮和的故居"李园"作为院址。经过4个多月的筹备，国立师范学院（简称"国师"）于

1938年12月1日正式开学。1944年夏，日寇逼近蓝田，国师被迫西迁至湖南省溆浦县马田坪；抗日战争胜利后，于1946年夏，复员至湖南南岳；湖南和平解放后，迁至长沙，合并到湖南大学；1953年8月全国院系调整，以原国立师范学院为基础，合并了湖南大学、南昌大学、河南平原师范学院部分系科，和清华大学、湖南大学、南昌大学、东北师范大学、华南师范学院、河南平原师范学院部分学生，成立了湖南师范学院，即今天的湖南师范大学。

廖世承认为"教师为学校之命脉"，在国师的办学过程中，竭力罗致教师。1939学年度院务行政计划指出："师院师资，最为重要，不特须学有专修，且须人格足为师表，教法足资模仿；故本院聘请系主任及教授，兢兢业业，不敢掉以轻心。"[4]但是国师办学时，正处在我国出现"师荒"时期。由于民国政府多年不重视高等师范教育，师资来源本来就不足；当时教师待遇不及公务员，许多人弃教转行，进入抗战后方机关或金融、经济、工程等行业，愿意当教师的知识分子越来越少。所以，国师聘请教师不易。面对这样的困难，廖世承积极应对，充分利用以前任上海光华大学副校长兼附中主任的人脉关系，除联络以前的同事外，还托同事联络同事，招聘名师。1939年9月5日，廖世承携带聘书抵达上海，聘请钱锺书、沈同洽、徐燕谋、周缵武、张贞用（张振镛）等人为国师教师。[5]除沈同洽1938年从英国伦敦大学皇家学院攻读研究生毕业回国任国立浙江大学副教授外，其余4位都是曾在私立光华大学任教过的教师。据杨绛《记钱锺书与〈围城〉》回忆："一九三九年秋，锺书自昆明回上海探亲后，他父亲来信来电，说自己老病，要锺书也去湖南照料。师范学院院长廖先生来上海，反复劝说他去当英文系主任，以便伺候父亲，公私兼顾。"[6]

1939年11月1日，钱锺书与沈同洽、徐燕谋、周缵武、张贞用、邹文海一行6人离开上海；12月4日，除邹文海一人继续西行去搬迁到湖

1. 到达蓝田

南辰溪的湖南大学任教外，其余5人抵达蓝田国师。

张贞用在《前后湘行百绝自序》里，讲述了他被聘以及与钱锺书等人来国师的经历："己卯秋，应国立师范学院之聘，以来湖南之蓝田，院长嘉定廖公茂如实（按：'实'为衍字）招也。公前任上海光华大学副校长，而余任教光华则先公二年，后公一年去，盖十五年矣。久而思迁，静则思动，人之情也。郁郁居此，我瞻四方……贤师良友，先后扬镳，有怀莫吐，谁与为欢，虽长校者挽之以诚且坚，勿顾也，会廖公千里驰邮，一言为约，拜命之辱，束装以趋，深秋戒途，浮海而北，抵浙之鄞县，乃诞登于陆，自奉化之溪口，走嵊县、长乐、永康、金华，以达赣之上饶、贵溪、鹰潭、临川、南丰、广昌、宁都、太和、吉安，遂入湘，而历茶陵、耒阳、衡阳、宝庆以至蓝田，经三省五千里，历一月又四日，路非不远，时非不久也。……"[7]

钱锺书小说《围城》里写方鸿渐等5人，自上海出发，经宁波、溪口、金华、鹰潭、南城、宁都、兴国、吉安、邵阳等，终于到达三闾大学。其行程线路与张贞用所记叙的大致相当。

徐燕谋也有一首五言长诗《纪湘行》生动地再现了离沪赴湘的艰辛历程。起程时是坐船，"晚出吴淞口，废垒撑天阔，寒风厉鬼号，余霞凝碧血。波涛上薄天，天怒向下遏。羲和亦既疲，海天任劫夺。行行入浑茫，终夜听澎湃。明旦船头望，越山峙屹屹。海疆千万里，浙闽仅未撤。双目久昏瞀，快意今一豁。短短溪口道，狼狈不可说。孟冬潦水尽，齿齿乱滩出。怪石伺水底，犬牙竞凹凸。篙师蛙曝肚，尺寸嗟力竭。纤者虫爬沙，首俯仅见胎。两岸有好山，云气幻奇谲。惜我怀抱恶，过眼吝一瞥"。然后换上了破旧的汽车，"江口换薄笨（按：'薄笨'，是古代一种制作粗简而行驶不快的车子。语出《宋书·隐逸传·刘凝之》：'妻亦能不慕荣华，与凝之共安俭苦。夫妻共乘薄笨车，出市买易，周用之外，辄以施人'），如同脱桎梏。不意风雨来，驰骤万马疾。仆夫苦推挽，泥泞胶车辙，后车撞前车，五步一颠蹶。久坐疲吾神，酸楚渐彻骨。转觉蓬底宽，腰腿容伸屈。俄顷暝色合，十程犹六七，暗中扪有我，身外俱相失。淋漓透重棉，寒气侵短褐。道旁多沟渠，同行顶几没。深夜到逆旅，酒肴粗罗列，各自抚惊魂，对食空呜咽"。

到浙江省奉化溪口，游览雪窦山，只见"雪窦山色佳，雨后净如泼。不为看山水，招邀禁排闼。命舆且往游，仄径攀藤葛。石罅出流泉，寒空盘健鹘。上方钟磬音，梵吹殊清越。行行渐平旷，稍稍得林樾。林外飞雕甍，庄灿瞻古刹。四海方濆洞，清静此十笏。山果有旧储，蔬笋皆新撷。檀楠自氤氲，烦虑暂披拂。隐潭有瀑布，僧言石门垮。远在一里外，泠泠听琴瑟。山径时迂回，瀑声亦续绝。忽扬如仙乐，敖曹堕天阙，忽抑如蚓鸣，幽咽出地穴，忽如银瓶迸，忽如碎玉戛，渐变飘风骤，终作千里突。四望无所见，俯惊蛟龙窟。石级才受足，凝神庶不跌。潭底日光微，深黑寒凛溧。止步始仰瞩，一白目几瞎。千丈如箭激，与石相囓齕。神女珠囊翻，美人乳花滑。谪仙不可作，东坡亦已殁，徐凝有恶诗，洗濯渐溅沫。且学隐潭隐，万古此荡谲"。然后到浙江"金华四围山，足迹未遑歇。缅怀黄初平，牧羊传仙述。乱石随手指，羊群起一叱。大笑世间人，臧谷争优劣。且期东归便，寻真访石室"。

坐着破车进入江西鹰潭，一路上因战争逃难的惨况不忍睹，"鹰潭俯要冲，最与战场密。虚惊日夕至，谣逐难究诘。侧闻南昌敌，负隅逞横猾。狡焉思南侵，伺隙来飘忽。新车载熊黑，旧车无輗軏。创伤在道路，扶携自相恤。断臂粗络缠，折足强跛躠。巨痛不用诉，斑斑征衣衊。瘦面笑似哭，不怒眦亦裂。念彼皆人子，医药何可缺"。在这里"七日此滞留，中夜警笙篥。小市值凶年，亦复畏剽窃。所急非囊金，衣服与书帙。衣多妇手缝，书我恃以活"。停留七日后，仍旧坐着破车一路颠簸前行，"匆匆过南丰，及尝霜林橘。平生曾子固，瓣香竟未热。

1. 到达蓝田

车行历崎岖,疾徐漫无节。上坡蜗缘墙,下坡鹿惊栝。时或折其轴,时或脱其辖。人处车箱中,若指之受拶。男履错女舄,痴突互填轧。衣襟污呕吐,行李纷撞碎。壮夫烂漫睡,张口出水鳜。老弱伛偻立,缩头入瓮鳖。承平仁义伸,艰危礼让诎"。一路上所见的都是战火留下的惨景,"我观车所经,原野顽块圮,十里断炊烟,荆榛未剪伐"。自己也是一路苦况,"艰难抵庐陵,囊空如洗括。街头食薯蓣,饿极胜崖蜜。羞为识者见,背面吞且噎"。夜宿时,"床头白皑皑,谁辨霜与月。晨起着敝袷,洞穿饥鼠啮"。

终于到了离蓝田仅百里的地方,行程才略有轻松,"百里起(按:疑为'趋')蓝田,始脱尘坌拂。晴路行舆稳,冷瘦度轸绁。舆缓自胜车,景物得闲阅。霜重菜甲肥,土松麦苗茁。新谷已登场,农事此暂辍。紫网补茅屋,绸缪待风雪。野塘浮鹅鸭,见人惊相聒。儿童杂笑言,鸡犬纷奔轶。十里一息肩,日昳投蓬荜。脱粟为客供,土酒劝客啜。无烛恐慢客,插壁燃竹篾。食罢围地炉,絮絮话粳秫。问客何为者,颜色甚疲苶。延客上房睡,草荐暖且洁。礼数感殷勤,未觉村野质。昧爽复上路,月高劲风刮。舆出乱冈间,霜滑更阢陧。山深日到迟,雾霭蒸松栝。上冈怜舆夫,恻恻心难逸。下冈惧我坠,惴惴常咋舌。一冈复一冈,长路忽已达"。[8]

钱锺书给沈履(即沈茀斋)的信中也说:"十月(按:农历十月)中旬去沪入湘,道路阻艰,行李繁重,万苦千辛,非言可尽,行三十四日抵师院,皮骨仅存,心神交瘁,因之卧病,遂阙音书。"[9]

邹文海回忆跟随钱锺书等人到湖南的过程,说:"二十八年十一月,我间道赴辰溪湖南大学任教,他亦去宝庆蓝田师范学院。我们结伴同行,日夕相共者几及一月。抗战初期,交通工具不敷分配,沿途旅客拥挤非凡,无法按时间到达目的地。我们十月就从上海订船票赴宁波。继而日人封锁海口,不能通航,一直到十一月初才得到船公司通知,定期出发。到达宁波后,大家松口气,方感真真脱离了敌人的魔掌。从宁波到溪口,一节乘汽油船,一节乘黄包车,足足走了一天,此后则全部乘长途汽车,每站都得停留三天五天,不是买不到票,就是等待行李到达,没有一站是顺利通过的。开始我还利用等车的时间就近寻险探幽,以后因步步为营,心境愈来愈恶劣,真是懒得动弹了。锺书君却依旧怡然自得,手不释卷。我走近去查究他看的是什么书,方知他翻的是英文字典。'咦!一本索然寡味的字典,竟可捧在手中一月。'他看到我惊奇之色,正色告诉我说:'字典是旅途中的良伴,上次去英国时,轮船上惟以约翰生博士的字典自随,深得读字典的乐趣,现在已养成习惯。'我说我最厌字典,看书时宁肯望文生义地胡猜,不愿废时失业地查字典。他说我不求其解的态度不能用之于精读,而且旅途中不能作有系统的研究,惟有随翻随玩,遇到生冷的字,固然可以多记几个字的用法。更可喜者,前人所著字典,常常记载旧时口语,表现旧时的习俗,趣味之深,有不足为外人道者。我那时才知道锺书君真是博闻强志,积学之深。"[10]

钱锺书到国师时,刚30岁[11],被聘任为国师英文教授和英文系主任。对于英文系主任一职,国师是虚位以待。在国师创办时,就聘任33岁的汪梧封为英文系教授,但没聘他任系主任。汪梧封学历不低,是国立清华大学西洋文学系学士、法国巴黎大学文学博士;资历也不浅,曾任私立光华大学英文系主任、国立暨南大学教授。而钱锺书1933年于清华大学外国语文系毕业后,在私立光华大学任教时,仅是讲师;当然,钱锺书获英国牛津大学B. Litt学位后,又去法国巴黎大学研究一年,于1938年秋回国后,被西南联大破例聘为教授。国师的英文系从1938年上学期至1939年下学期,系主任都是空缺,钱锺书是国师第一任英文系主任,而钱锺书于1941年离开国师后,接任英文系主任的就是汪梧封。

沈同洽被聘任为英文系教授,徐燕谋、周缵武被聘任为英文系讲师;张贞用被聘任为国文系副教授。

1. 到达蓝田

钱锺书等教师的到来，大大加强了国师，特别是英文系的师资力量，故而受到了全院师生的热烈欢迎。1939年12月9日与12日，英语学会与国文学会分别开会欢迎新到的教师。《国立师范学院旬刊》第3期《英语学会欢迎新到师友》报道："英语学会自去年成立以来，在汪（梧封）、高（昌运）二教授指导之下，同学兴趣十分浓厚，成绩斐然。兹以系主任钱默存先生暨沈同洽、徐燕谋、周缵武诸先生于本月四日由上海来院，及本学期增加新会员三十馀人，特于本月十二日下午六时半，假一院第三教室举行盛大茶会，以表欢迎之意。并请廖院长暨任孟闲、汪德耀、汪西林三主任莅会指导。开会时该会师生毕集，和乐融融，颇极一时之盛。主席周尔寿报告开会意义后，廖院长与各系主任暨新到各教授相继训词，会员并依次介绍。词毕，由同学提议修改会章，因即组织修改委员会，详加修正，交下次大会通过。当推曾锦章、周尔寿、杨远怀、李文、张健知等为修改委员。至八时半始尽欢而散云。"[12]

同期《国立师范学院旬刊》亦有《国文学会欢迎新教师新同学》的报道："九日下午国文学会假九思堂第七教室，开欢迎新教师同学大会，新到师长马宗霍、张贞用、徐仁甫、蒋礼鸿四先生及新同学十五人。"[13]

徐燕谋在《纪湘行》诗中感慨地说："师友喜我至，劳问殊亲切。"[14]

同时，徐燕谋对钱基博邀请他、廖世承聘请他为国师英文教职是非常感激的，他写了一首《闻廖钱二师有见招意感赋》刊载在1939年8月出版的《国师季刊》第4期上，此时他还没来蓝田。诗曰：

> 围城坐守竟蹉跎，奈此堂堂玉貌何。
> 贫可辱身难夺志，悲来当哭但狂歌。
> 衰亲忍使愁柴米，白眼留看舞鬼魑。
> 剩有平生心一片，不才转怕受恩多。

注释：

[1] [3] 中国第二历史档案馆. 中华民国史档案资料汇编（第5辑·第2编·教育）[M]. 南京：凤凰出版社, 1997：16, 26.

[2] 周秋光, 莫志斌. 湖南教育史 [M]. 长沙：岳麓书社, 2008：826.

[4] 廖世承. 本学年行政计划撮要 [J]. 国立师范学院旬刊, 1939-12-01.

[5] 蒋洪新《〈围城〉内外故事：钱锺书与国立师范学院》："笔者在湖南档案馆查到钱锺书当年在国立师范学院教职员调查表两份，其中写道：钱锺书，男，别号默存，年龄三十，籍贯江苏省无锡县，已婚，到职年月民国二八年八月（笔者按：这是以廖世承院长发聘书为准），学历国立清华大学文学学士、英国牛津大学B. Litt、法国巴黎大学研究，经历有光华大学讲师、《中国评论周报》编辑、西南联大教授、牛津大学东方哲学宗教丛书特约编辑，教员职称教授，担任教学系科及课程英语，职员职称系主任，月薪400元，备考中华民国三十年七月满辞职。"据此，可知廖世承是携带着聘书去上海的。

[6] 杨绛. 记钱锺书与《围城》[M]//钱锺书. 围城. 北京：生活·读书·新知三联书店, 2007：380.

[7] 张贞用. 前后湘行百绝自序 [J]. 国师季刊, 1941（9）：70.

[8] [14] 徐燕谋. 纪湘行 [M]//涟河旧雨. 涟源：涟漪诗社, 1999：109-113.

[9] 杨绛. 钱锺书离开西南联大的幕后实情 [M]//杨绛. 杂忆与杂写：一九九二—二〇一三. 北京：生活·读书·新知三联书店, 2015：50.

[10] 邹文海. 忆钱锺书 [J]. 台湾：传记文学, 1962, 6（1）.

[11] 钱锺书以为自己是在来蓝田的途中——耒阳过的30岁生日，在《槐聚诗存》里收有《耒阳晓发是余三十初度》一诗，但据罗银胜《杨绛传》第86页记载："钱锺书离上海赴蓝田时，杨绛对他说，你这次生日，大约在路上了，我只好在家里为你吃一碗生日面了。钱锺书半路上做诗《耒阳晓发是余三十初度》，他把生日记错

1. 到达蓝田

了,而杨绛原先的估计也错了。他的生日,无论按阳历或阴历,都在到达蓝田之后。杨绛曾说过,'耒阳晓发'不知是哪一天,反正不是生日。"

[12][13] 蓝田:国立师范学院. 国立师范学院旬刊,1939-12-21.

2. 蓝田印象

蓝田是一座古镇，从明代万历年间开始，逐步成为湘中地区的商贸中心、沟通南北经济走廊的茶马古道上的重要驿站。据《安化县志》记载，宋代理学家张栻（1133—1180）在绍兴末期历游此地时，曾说"此地宜蓝"，后遍种蓝草于郊野，故名"蓝田"。清代康熙年间，安化知县赵尺璧上任伊始，便来蓝田视察，对蓝田镇的美景赞不绝口，诗兴大发，当即赋诗《蓝田市》，其诗云："采蓝欣得地，种玉古蓝田。翠霭双桥外，青纤十亩边。天高云簇锦，雨霁竹和烟。在昔南轩语，菑畲（按：'菑畲'，耕耘）不浪传。"

据嘉庆年间所撰的《安化县志》记载："蓝田市在常安，地接新邵界，连湘乡，溪环绶带，岫列锦屏，两岸间阎扑地，楼阁凌霄，商客骚人，往来云集。"故在当时有"小南京"之称。

道光年间，时任两江总督的陶澍也不远千里，慕名而来，在一群大小官员的簇拥下，踏上了蓝田蓝溪桥，面对涟水两岸商贾如云、桥下舟楫如梭的繁华景象，不禁雅兴勃发，挥毫泼墨，写下《蓝溪桥碑记》一文，文中赞"蓝田市为大都会"。

光绪年间，新化锡矿山（今冷水江市）锑矿大量采掘，产品多经蓝田水运出境，矿山所需生产、生活物资，大都由蓝田中转，往返蓝田至锡矿山的脚夫、商客每日不下于千人，使这个山区集镇更加繁荣。

民国以前的"蓝田"泛指今蓝田办事处及其周边的三甲、龙塘、桥

2. 蓝田印象

头河等乡镇,中华人民共和国成立前隶属安化县。

抗日战争时期,由于蓝田有利于扼守的地形,加之交通较方便、物资较为丰富,汉口、长沙等地的一些工商户陆续迁来蓝田经营,蓝田商业店铺发展到762家,纺织、面粉加工、发电、印刷、皮革等工业迅速发展,特别是抗日前线急需的棉布、棉纱、棉花加工业尤为兴盛,织染坊由四五十家发展到200多家,4500多名工人,整个蓝田,机杼之声终日不绝于耳。

1938年4月至1941年2月,长沙的长郡联立中学、私立明宪女中、私立大麓中学、私立妙高峰中学、私立周南女中、私立精炼高职、私立明德中学、私立广雅中学先后迁入蓝田镇;镇内人口由0.8万人陡增至4万多人。蓝田的教育事业也呈现出繁荣的景象,成了抗日战争时期湖南省教育重镇。所以,《围城》里写道:"离学校不到半里的镇上,一天繁荣似一天,照相铺、饭店、浴室、戏院、警察局、中小学校,一应俱全。"[1]

蓝田地处湘中,为湖南地图的几何中心,但钱锺书误以为地处湘西,他的《谈艺录》是在国师任教时开始撰写的,《谈艺录》序中说"始属稿湘西"[2]。

蓝田,地处一个小盆地之中,四周群山绵延起伏,层峦叠翠。钱锺书在《新岁见萤火》诗中描写它是"孤城乱山攒"[3],在《夜坐》诗中说是"偏教囚我万山深"[4]。这是钱锺书初到时对蓝田的印象。

蓝田,位于涟水上游,涟水支流蓝溪河、升平河一南一北夹绕而过,在双江口汇成涟水河。国师开办时租借的"李园",当时在距蓝田镇西约一市里的光明山麓,升平河在其北面绕过。李园是一个大院落,院内"基本上是嵌有玻璃窗的两层楼房……全屋正房上下一百间,此外另有大厅堂两间。两侧客厅四间,此外还有读书楼及杂房三十余间。占地总面积约六万平方公尺"[5]。国师第一届学生桂多荪在《"国师"初建时期的

011

点滴回忆》一文回忆说:"除在距李园约半市里的光明山上、下修建新校舍,尚未完成外,又在李园后山上已建成一层教室上十间。这就是我们上课的教室。师生员工的住宅则全挤住在李园。领导、教授、员工约一百多人;我们七系一科的同学也有一百人……"[6] 1940年国师规模扩大,在李园旁边光明山建成国师二院。

《围城》第6章写"三闾大学"是一座"摇篮",这"摇篮也挑选得很好,在平成县乡下一个本地财主的花园里,面溪背山。这乡镇绝非战略上必争之地,日本人唯一毫不吝惜的东西——炸弹,也不会浪费在这地方"。"这学校草草创办,规模不大;除掉女学生跟少数带家眷的教职员外,全住在一个大园子里。"[7]"平成",是"平安成化"之意的缩语,即暗指安化县;"花园"与"大园子"就是指李园;"溪"就是升平河;"山"就是光明山。虽然"日本人唯一毫不吝惜的东西——炸弹,也不会浪费在这地方",但是,国师开学刚4个月后的1939年4月4日就有日寇飞机飞临侦察,4月7日有敌机18架过境向西,4月30日敌机27架扫射当时蓝田郊区的九十亭一带。有署名"自平"的人写有两首诗反映这一史实,一首是《四月三十日敌机廿七架枪射蓝田九十亭》,"屈指星期日/ 蓝田又着惊/ 飞来三九架/ 驾驶百余兵/ 远远凭空望/ 轰轰不绝声/ 还闻枪扫射/ 无计破忠诚";另一首是《五月十二日闻警报》,"今朝正是拟加餐/ 风日晴和四座欢/ 紧急闻铃心有异/ 匆忙吐哺面相见/ 见机而作抛工作/ 入土为安不觉安(入一号防空壕,除院医院看护及女书记,尚有女生十四人)/ 片刻虚惊如往事/ 松林席地略盘桓"。[8]以后常有空袭警报,每次都有数架或十数架飞机飞临上空。为防空袭,国师新建的建筑外墙都刷成黑色。在钱锺书来到蓝田不到一个月后的1940年1月2日就有敌机飞临蓝田,1月3日有12架敌机过境蓝田,整个蓝田防空警报长鸣,这在钱锺书的脑子里应该留下过深刻的印象。

在抗日战争时期,蓝田不仅是湖南省的教育重镇,也是湖南省的文

2. 蓝田印象

化重镇。当时的蓝田除了有国民政府军事委员会政治部第三厅（郭沫若负责）在蓝田建立的"蓝田抗日宣传基站"外，还有蓝田启明书局、湖南蓝田新中国书局、袖珍书店（由储安平创办）、求知书店、蓝田书报合作社、学余编印社、公益印刷公司等书店兼出版社。不仅出售和出版为各级学校学生服务的各样教材和教学参考书籍，还出售和出版书刊、学术著作，甚至出版印刷和编辑质量甚佳的《汉英词典》。在火车站售票石屋内设有青年图书馆，有各种报刊、图书供人阅读，内有蓝田出版的《蓝田青年》《国力》《妙中》《学与思》《楚风》《宏农》等月刊。这对爱读书的钱锺书来说，是具有极大的吸引力的。钱锺书不时上街到书店、书局逛一逛，走一走。涟源市志办公室退休干部傅定志的父亲傅真峰是湘乡古文学者，与国师的钱基博十分友善，钱基博在蓝田国师时，与傅真峰有一段较长时间的交往和通信。傅定志曾讲过有关钱锺书在蓝田的几个故事。其中一个故事说钱锺书初到蓝田，人生地不熟。他第一次从学校到蓝田街上去，在街上转悠一阵以后，竟不知回学校的路了。他也不向谁打听，继续在街上转来转去。学校亲友见他上小镇很久未回，只好派人上街寻着了他，把他接了回去。这与吴忠匡《记钱锺书先生》一文中的回忆是一致的。吴忠匡回忆说："在书本以外的日常生活领域，却表现出缺乏一般常识，极其天真。常常在非常简单的日常生活小事之中，会闹出一些超乎常情的笑话。人们嘲笑他的书生气。譬如他每次上街，走着走着就迷失了方向，找不回自己的宿舍了。他也不会买东西，买了贵东西，还以为便宜。可他从不甘心承认自己的书生气，他常辩说自己最通晓世上的人情和世故，说自己从书本中早已经省识了人生和社会上的形形色色。"[9]当时蓝田虽有"小南京"之称，而且是当时湖南省教育、文化重镇，但对于出生于江苏无锡，留学过欧洲，曾在北京、上海生活过的钱锺书来说，蓝田自然是穷乡僻壤。但是蓝田也给钱锺书留下过深刻的印象，不然，就不会在《围城》中有那么多对蓝田景物的描写，不会在《槐聚诗存》里收集有那么多写于蓝田的诗。而且钱锺书离开蓝田后,还继续向国师的《国力月刊》投稿。他写于1942—1943年的上海沦陷区的12首诗,"除《吴眉孙先生示卖书词赋此慰之》3首外,其他9首都刊登在蓝田国立师范学院的刊物《国力月刊》上,那显然是他寄去发表的,其明心见性之寄托灼然可感"[10]。发表在《国力月刊》上的9首诗是:第2卷第9、10期合刊(1942年10月20日出版)上的《夜坐》,第2卷第12期(1942年12月25日出版)上的《叔子来晤却寄》,第3卷第1期(1943年1月20日出版)上的《重阳独登市楼有怀李拔翁病翁去岁曾招作重九》和《得龙丈书却寄》,第3卷第2期(1943年2月20日出版)上的《漫兴》,第3卷7、8期合刊(1943年8月15日出版)上的《颂陀表文(丈)惠赠〈黄山雁宕山纪游诗〉〈箫心剑气楼诗存〉并以蒲石居未刻诗属定敬呈二律》和《大梁刘季高汇所撰读史论兵之文为〈斗室文存〉乞点定赋赠》(署名前人。"前人"即"钱默存",详见"前人是谁"章),第3卷第9期(1943年9月20日出版)上的《病中得步曾文(丈)书却寄之二》。这说明人离开了蓝田,但心并未离开,蓝田与国师有值得钱锺书留恋的地方。

20世纪70年代,钱锺书写作《管锥编》时,在第四册里引用了当年在蓝田买的一册清人笔记里的资料。这本清人笔记里"言及无锡以产泥娃娃出名,他说,吾乡称土偶为'磨磨头',而自道曰:'俫伲',故江南旧谑,呼无锡人为'烂泥磨磨',亦犹如苏州人浑名'空头',常熟人浑名'汤罐',宜兴人浑名'夜壶'是也"[11]。

1941年12月7日,日本帝国海军偷袭珍珠港,美国太平洋舰队几乎全军覆没。美国对日宣战,还有其他20多个国家同时对日宣战,第二次世界大战全面爆发。上海沦陷成一个"孤岛"。回到上海的钱锺书没有一个可以维持生活的职业,同普通市民一样陷入了困境。那时"日本人分配给市民吃的面粉是黑的,筛去杂质,还是麸皮居半;分配的米,只是

2. 蓝田印象

粞，中间还杂有白的、黄的、黑的沙子。黑沙子还容易挑出来，黄白沙子，杂在粞里，只好用镊子挑拣。听到沿街有卖米的，不论多贵，也得赶紧买"[12]。吴忠匡《记钱锺书先生》里也说："锺书离开湘西，蛰居上海沦陷区时期，是他平生最为凄苦的时期……正如他在《谈艺录》序言中所慨叹的：'予侍亲率眷，兵罅偷生，如危幕之燕巢，同枯槐之蚁聚，忧天将压，避地无之，虽欲出门西向笑而不敢也。'杜门寂处……只能用诗笔来陶写、发泄自己的哀伤和苦闷。他抚时感事，写下了不少叩人心弦、引人共鸣、催人下泪的诗篇。"[13]钱锺书在发表于1942年10月20日《国力月刊》第9、10期合刊上的《夜坐》诗里描写了在上海沦陷区的苦难生活和痛苦心境，诗曰：

> 试扪舌在尚成吟，野哭衔碑尽咽音。
> 生未逢辰忧用老，夜难测底坐来深。
> 忍饥直似三无语，偷活私存四不心。
> 林际春申流寓者，眼穿何望到如今。

首联是说试着摸摸舌头还在还可吟诗，但四野尽是悲咽声。颔联是说生不逢辰，人因忧伤而老，黑夜难测，不知何时是尽头。"忍饥"句后诗人自注"东坡以毳饭戏刘贡父，谓饭菜盐三者皆无"，意思是说忍饥挨饿，如苏轼所说饭菜盐三者皆无。"偷活"句后诗人自注"方密之削发为僧，口号云：'不臣不叛不降不辱'"，意思是说虽然苟且偷生，但要坚持"不臣不叛不降不辱"的原则。"春申"指上海。诗的最后两句，说自己在蓝田时望眼欲穿盼望早日回到上海，与妻子女儿团聚，但没想到如今成了流落上海的人（钱锺书的故乡是江苏无锡）。钱锺书在蓝田曾"写给沈履的信上说：'此地生活尚好，只是冗闲'"[14]。两相对照，有天地之别，上海沦陷区简直就是地狱。这《夜坐》诗最后两句难道没有点李商隐《锦瑟》诗中所描写的"沧海月明珠有泪,蓝田日暖玉生烟。此情可待成追忆,只是当时已惘然"诗句的意蕴?

据说20世纪80年代,涟源市曾有人在北京参加一个会议,钱锺书向此人询问过蓝田的情况。他还记得蓝田!

今日的涟源人民也没有忘记钱锺书,涟源一中1980届校友毕业35周年聚会时将一尊钱锺书铜像献给母校。铜像采取立姿造型,全铜铸造,2米高,连基石约3米高,由涟源一中校友雕塑家胡巍设计。2015年10月3日,秋高气爽,在涟源一中光明山举行钱锺书铜像揭幕仪式。钱锺书铜像矗立在光明山山顶广场上,绿树相拥,鲜花相簇。钱锺书面朝东方,凝视远方,一手持书,仿佛从图书馆借书出来,漫步在校园路上,衣襟飘动,神采飞扬。他将永远激励莘莘学子奋力攀登科学文化的昆仑山。

注释:

[1][7]钱锺书.围城[M].北京:生活·读书·新知三联书店,2007:203,203.

[2]钱锺书.谈艺录·序[M].北京:生活·读书·新知三联书店,2007:1.

[3][4]钱锺书.槐聚诗存[M].北京:生活·读书·新知三联书店,2003:48,49.

[5]李忠熙.归来重拾李园梦——记湖南蓝田、国师李园[M]//邱超文.《围城》之城.北京:中国文史出版社,2007:98.

[6]桂多荪."国师"初建时期的点滴回忆[M]//邱超文.《围城》之城.北京:中国文史出版社,2007:119.

[8]蓝田:国立师范学院.国师季刊,1939(3):103-104.

[9][13]田慧兰,等.钱锺书杨绛研究资料[M].北京:知识产权出版社,2010:67,71-72.

[10]解志熙."默存"仍自有风骨——钱锺书在上海沦陷时期的旧体诗考释[M]//

解志熙. 文本的隐与显：中国现代文学文献校读论稿. 北京：北京大学出版社，2016：428.

[11] 汤晏. 一代才子钱锺书[M]. 上海：上海人民出版社，2006：330.

[12] 杨绛. 我们仨[M]. 北京：生活·读书·新知三联书店，2003：115.

[14] 吴学昭. 听杨绛谈往事[M]. 北京：生活·读书·新知三联书店，2008：171.

3. 凭窗李园

钱锺书在国师时住在哪里,是经常被人问到的问题。

1938级史地系学生桂多荪《"国师"初建时期的点滴回忆》中说,国师初期,学生全部挤住在李园,"我们史地系8人,挤住在一间小房里,系上下铺"。"我系住房同钱锺书教授是'洛阳女儿对门居',有时也去他房中'听'他谈心,因为插不上嘴,只是'听',也百'听'不厌……"[1]可见,钱锺书住在李园与男学生宿舍相对的教师住房里。据"国立师范学院校舍平面图",李园西边一排的房子为男学生宿舍,南边的一排和东边的一排房子为教师住房,北边的一排为女生宿舍。可见,钱锺书住在李园临近大门的东边一排楼房的楼上,可惜这些房子早已拆除,位置大概在今涟源市政府大门南侧国师路人行道处。

李园,当时在距蓝田镇西约一市里的光明山麓,今日为涟源市政府机关,已成为市中心。李园占地约100亩,院内外苍松翠柏,花木扶疏。据李园的后代李忠熙在《归来重拾李园梦——记湖南蓝田、国师李园》中回忆:李园"其名取自李白'会桃李之芳园,序天伦之乐事'诗句。李园初建于19世纪的80年代,后又于20世纪的10年代再经扩建,乃有当时的格局。该屋基本上嵌有玻璃的两层楼房,在当时,是一栋相当先进的建筑"[2]。旁边的光明山,树木葱郁,环境幽静,是办学的好地方。钱基博在《国立师范学院成立记》中是这样描述的:"其山曰光明山,距蓝田西一里许;重冈复岭,因山作屋,四面松竹,间以红树,惊红骇绿,

3. 凭窗李园

抑亦寰宇之丽！而又有清流激湍，映带左右。于是乎藏焉修焉，息焉游焉，韬涵大和，无世俗纷华之好；而抟心壹志，得天下之英才而大淑之，用作新兆姓，树之坊表；其亦庶乎其可也！"[3] 国师助教吴忠匡在《国立师范学院赁舍李园记》中亦描绘李园"……方广百亩；光明山峙其右，锡矿山在其左，重山复岭，虎踞龙蟠以为之屏；松杉大万，苍翠扑人眉宇，而杂以红树丹枫，参差掩映，惊红骇绿，极幽冷艳腻之致。其中房屋二百间，重阿曲房，长廊逶迤，皆因山之高下而为陟降者；凿地为沼，植花成圃。其前广场十亩，绿草如褥，俯首以望，远山近树，云影溪流，萦青缭白，如列几席。自余入湘，所历地群山围抱，树木茂密，罔不蔚然深秀，然而茅檐土阶，未足以称；若夫擅溪山之秀，有台榭之胜，盖未见有如李园者也！"[4] 国师学生梁尚彝在《记校景》一文中描写李园周围环境及入李园心境："园之前，阡陌纵横，冈峦起伏，一溪自北而南，蜿蜒纤曲，若蛰龙之在渊。园之背与左右，浓阴蔽日，古木参天；步曲径以通幽，依短垣而寻胜。身入其中，萧然物外，绝无尘嚣之气。"[5] 国师图书组职员吴景贤在刊载在《教育通讯》第2卷第25期上的《一年来的国立师范学院》一文中赞叹道：此地"诚为读书讲学的世外桃源"。

钱锺书住在李园，也被李园幽静的环境所吸引。在他住的房子里，朝向东面的玻璃窗上只见竹影婆娑，早晨打开窗门，和煦的阳光照射进来，竹影筛在地板上，斑驳一片。凭窗而望，园内古木参天，裸露在地表上的苍老的松树根如人箕踞一样随意伸展，竹根像人横睡一样四肢四处伸展，一院清幽。远处，阡陌纵横，升平河蜿蜒而过。如果是夜晚读书累了，凭窗而望，东南前侧便是国师正在修建的当时湖南省第一个标准的田径场（今五江购物中心处），钱锺书在国师时该田径场还未竣工。这是《围城》第7章里所描写的景象："表上刚九点钟，可是校门口大操场上人影都没有……四野里早有零零落落试声的青蛙……"[6]

这些触发了钱锺书创作的灵感，在不到一个月的时间里，以李园之景物为题材至少写了两首诗。一首是《山中寓园》，这是钱锺书来蓝田写的第一首诗。诗曰：

箕踞长松下，横眠老竹根。
一枝聊可借，三径已无存。
故物怀乔木，羁人赋小园。
水波风袅袅，摇落更消魂。[7]

首联描写院内高大的松树下裸露的树根像人随意伸展双腿一样，苍老的竹根像横睡在地上。颔联说这小地方暂且可借寓，故乡已沦陷了。颈联说看到园里的高大树木，不禁怀念起故乡，想起北周时期的庾信常怀故国之思，写有《小园赋》，抒发了他羁旅异国的浓厚乡关愁思。尾联描写微风吹起的涟漪、飘落的树叶，借景抒发心中极度的愁苦。

第二首诗是《窗外丛竹》，诗曰：

上窗写影几竿竹，叶叶风前作态殊。
萧瑟为秋增气势，翩翩类客转江湖。
不堪相对三朝格，漫说何能一日无。
便当此君亭畔物，高材直节伴羁孤。[8]

首联写窗上竹影婆娑之景，颔联便触景生情，由眼前在风中摇动的竹叶，想到它就像自己这个颠沛流离于江湖的外乡客。颈联写钱锺书面对窗外丛竹，却没有多日竭尽心思地去探究它的物理，更不要说有如苏轼《於潜僧绿筠轩》诗中那样"宁可使食无肉，不可使居无竹"的感情。尾联写钱锺书想起明代陆容的《满江红·咏竹》词（其词曰："不种闲花，池亭畔、几竿修竹。相映带、一泓流水，森寒洁绿。风动仙人鸣佩

3. 凭窗李园

遂,雨余净女添膏沐。未成林,难望凤来栖,聊医俗。　问华胄,名淇澳。寻苗裔,湘江曲。性孤高似柏,阿娇金屋。坐荫从容烦暑退,清心恍惚微香触。历冰霜、不变好风姿,温如玉"),以及想起宋代王安石的《咏竹》诗("人怜直节生来瘦,自许高材老更刚。曾与蒿藜同雨露,终随松柏到冰霜"),就以窗前竹自勉,保持"高材直节",让这竹子作为羁旅孤独的自己的陪伴。

在国师,钱锺书确实保持着"高材直节"。据国师学生、后来任上海教育学院教授的陈思卓回忆,当年国师曾聘请两位美国籍的博士来教授英文,钱锺书认为这事没征得他这个系主任同意,因此不予接纳。院长说:他们都是博士啊!钱锺书说:博士又怎样?博士究竟算得了什么!于是便把他们两人都请来谈话,大考了他们一阵,弄得这两位洋教授瞠目结舌,哑口无言。于是钱锺书就说:"只有这么一点水平,配做教授吗?只能做学生呢!"这两位洋人只好卷起行李怏怏离去。"这件事恰好表现了钱公的书生气和狂狷性格,他不是对任何事都肯敷衍的。……此事在国立师范学院曾一时盛传,同学们看重的是钱公能如此为学生的学业着想,敢说敢为,不禁油然而生由衷的敬意。"[9]

国师全校都有外语和第二外语课,按学校规定,这些课程都统一由英文系负责开课,派教师任教。当时的数学系教授兼系主任没经过英文系同意就要让他的德国妻子上数学系的二外德语课,钱锺书和院长廖世承都不予承认。他因此与廖世承大闹一场。这应是《围城》里历史系主任韩学愈要他的白俄妻子在外文系当教授,争上外语课情节的原型。[10]

这使我们想到其父亲钱基博相类似的一件事。那是1927年,钱基博任第四中山大学(即从前南京的东南大学)的国文系主任。当时"国文系须从新改组;而各方面推荐教授、副教授的信,已成堆!梅院长告我从中挑选,提名呈校长聘任"。但钱基博不同意这做法,认为"教授,副教授，有相当之资格；聘任有聘任之规则；不能随便听人推荐"，应先订立聘任条例，按照条例提名呈校长聘任。有个叫支伟成的人拿着蒋介石的介绍信，还有一些人拿着权威人士的推荐信，要求直接聘任为教授，钱基博一概拒绝。钱基博"觉得职权无从行使"，便自己辞职离开了第四中山大学，回到无锡。而事后"支先生如愿以偿，而后来因为学生不上他的课，一气呕血，而同事都冷眼看他，遂病不起；我闻之，甚为惋惜；拿学问论，支先生实苦心下过一番功夫；不过躁进欲速，吃了亏"[11]。

真是父子皆"高材直节"之人。

第二年春天来临，窗外气象万千。天天凭窗，更激起了钱锺书对"窗子"的哲学思考，思索的结果便创作出了散文《窗》[12]。《窗》里写道：

> 又是春天，窗子可以常开了。春天从窗外进来，人在屋子里坐不住，就从门里出去。不过屋子外的春天太贱了！到处是阳光，不像射破屋里阴深的那样明亮；到处是给太阳晒得懒洋洋的风，不像搅动屋里沉闷的那样有生气。就是鸟语，也似乎琐碎而单薄，需要屋里的寂静来做衬托。我们因此明白，春天是该镶嵌在窗子里看的，好比画配了框子。
>
> 同时，我们悟到，门和窗有不同的意义。当然，门是造了让人出进的。但是，窗子有时也可作为进出口用，譬如小偷或小说里私约的情人就喜欢爬窗子。所以窗子和门的根本分别，决不仅是有没有人进来出去。若据赏春一事来看，我们不妨这样说：有了门，我们可以出去；有了窗，我们可以不必出去。窗子打通了大自然和人的隔膜，把风和太阳逗引进来，使屋里也关着一部分春天，让我们安坐了享受，无需再到外面去找。古代诗人像陶渊明对于窗子的这种精神，颇有会心。《归去来辞》

有两句道:"倚南窗以寄傲,审容膝之易安。"不等于说,只要有窗可以凭眺,就是小屋子也住得么?他又说:"夏月虚闲,高卧北窗之下,清风飒至,自谓羲皇上人。"意思是只要窗子透风,小屋子可成极乐世界;他虽然是柴桑人,就近有庐山,也用不着上去避暑。所以,门许我们追求,表示欲望,窗子许我们占领,表示享受。[13]

注释:

[1] 桂多荪."国师"初建时期的点滴回忆[M]//邱超文.《围城》之城.北京:中国文史出版社,2007:119.

[2] 邱超文.《围城》之城[M].北京:中国文史出版社,2007:98.

[3][4][5] 蓝田:国立师范学院.国师季刊,1939,1(1):3,89,90.

[6] 钱锺书.围城[M].北京:生活·读书·新知三联书店,2007:282.

[7][8] 钱锺书.槐聚诗存[M].北京:生活·读书·新知三联书店,2003:46,46.

[9] 刘衍文.漫话钱锺书先生[M]//冯芝祥.钱锺书研究集刊:第二辑.上海:上海三联书店,2000:102-103.

[10] 孔庆茂.钱锺书与杨绛[M].南京:凤凰出版社,2011:146.

[11] 钱基博.自我检讨书[M]//钱基博.钱基博自述.合肥:安徽文艺出版社,2013:24-25.

[12] 汤晏《一代才子钱锺书》(上海人民出版社,2006年)第203页:"钱锺书在蓝田写了《写在人生边上》一书里另外五篇文章,此即《窗》《论快乐》《吃饭》《读〈伊索寓言〉》及《谈教训》。"

[13] 钱锺书.写在人生边上[M].北京:生活·读书·新知三联书店,2003:15-16.

4. 侍奉父亲

钱锺书来蓝田,其实是奉父亲钱基博之命而来的。

钱基博(1887—1957),古文学家、教育家。从小学教员到中学教员,再到大学教授。1923年后历任上海圣约翰大学国文教授、北京清华大学国文教授、南京中央大学(1949年改名南京大学)中国语文学系教授、无锡国学专修学校(现苏州大学)校务主任、私立光华大学(今华东师范大学)中国文学系主任及文学院院长等职。1937年,任浙江大学(当时迁到江西泰和)中文系教授。暑期从江西回上海探亲。1938年8月11日,廖世承找到钱基博,恳请他一起去湖南办师范学院并担任国文系主任,钱基博热情地答应了这位光华大学的同事和朋友的请求。1938年11月11日,钱基博与国文系副教授周瀓、英文系教授汪梧封自上海辗转来蓝田,任国师国文系教授、系主任。

杨绛在《我们仨》里回忆说:"有一天,锺书回来满面愁容,说是爹爹来信,叫他到蓝田去,当英文系主任,同时可以侍奉父亲。我认为清华这份工作不易得。他工作不满一年,凭什么也不该换工作。锺书并不愿意丢弃清华的工作。但是他妈妈、他叔父、他弟弟妹妹等全部主张他去。他也觉得应当去。我却觉得怎么也不应当去,他该向家人讲讲不当去的道理。"但"他们一致沉默;而一致沉默的压力,使锺书没有开口的余地。我当然什么也没说,只是照例去'做媳妇'而已。可是我也看到了难堪的脸色,尝到难堪的沉默。我对锺书只有同情的份儿了"。[1]

4. 侍奉父亲

据吴学昭听杨绛回忆:"锺书在蓝田,对爹爹的'侍奉'也只是每天午后和晚饭后,到毗邻的老夫子屋里坐一会儿,说说话。再就是经常亲自为爹爹炖鸡汤,这是他在牛津阿季生小孩时练就的手艺。孟宪承先生当面对老夫子赞他儿子孝顺,老夫子说'这是口体之养,不是养志'。孟先生说:'我倒宁愿口体之养。'可是爹爹总责怪儿子不能'养志'。爹爹所谓的'志',锺书不能完全认同,儿子的'志',爹爹又完全不理解。锺书心上感到委屈,只能跟阿季说说。"[2]

养什么志呢?1932年11月27日,钱基博收到正在清华大学读书的钱锺书寄来的《大公报》和《新月》杂志,得知儿子"知与时贤往还,文字太忙",非常高兴。但又知儿子曾说出"孔子是乡绅,陶潜亦折腰"这种对古人不尊敬的话,又感到"在儿一团高兴,在我殊以为戚"。他告诫钱锺书:"现在外间物论,谓汝文章胜我,学问过我,我固心喜!然不如人称汝笃实过我力行胜我,我心尤慰!清识难尚,何如至德可师!淡泊明志,宁静致远,我望汝为诸葛公、陶渊明,不喜汝为胡适之、徐志摩。如以犀利之笔,发激宕之论,而迎合社会浮动浅薄之心理,倾动一世;今之名流硕彦,皆自此出。得名最易,造孽实大!"[3]这时的养志是养"淡泊明志,宁静致远"之志,不要去追求一时的名声。

钱基博在国师开办不久对师生演讲时说:"寇深矣,国危矣,吾人当此危急存亡之秋,虑无不思所以自处;凡我邦人之有血气者,虑无不恫心疾首,覆亡是惧,亦且勠力同仇,有死无二!不知吾党智识份子之身受高深教育者,当此日强寇凭陵,尽人敌忾,将别出四万万之人而自有其身份与价值耶?抑亦同其勠力同仇,而有不能以自外于四万万之范畴者耶?"[4]

"人生艰难惟一死;如勇士不忘丧元,志士而在沟壑,不难一死,何志之挫!孔曰成仁,孟曰取义,此则我中华民族之精神,而古圣昔贤之所留贻,以世世诏我子孙而立国于不敝者也!匹夫慕义,何处不勉。当此喋血抗战，再接再厉，勇士前仆后继之丧其元者何限！特是吾党智识阶级之身受高等教育者，是否能为不忘沟壑之志士，则殊未敢以信！夫富贵逸乐，人之所欲；而在沟壑，则人人所畏沮也。然而不安于沟壑，则必耽富贵逸乐；而智识阶级之吾党，亦既养尊处优，若固有之，不安沟壑，亦固其所；此今日汉奸之所以多智识阶级，而为国人之大诟也！如能安于沟壑，富贵不淫，志节自坚，何有汉奸！"[5]在国难当头时，知识分子要担负的是救亡的重责。

从钱基博带钱锺书去拜访曹典球一事还可看出，他要儿子养的是什么志。

曹典球（1877—1960），字籽谷，号猛庵，湖南省长沙县人，比钱基博大10岁。钱基博少年时读过曹典球的文章，感觉"其词蔚如，其趣渊如，低回往复"；对作者充满了仰慕之情，想象曹氏其人"必神情散朗，意度安详"。[6]曹典球曾经兼任湖南大学代理校长，任过湖南省教育厅厅长，代理过湖南省政府主席，后专心办文艺中学，倡导"教育救国"，认为救国"要的是科学，要的是经济，要的是人才"，并将60大寿所得贺礼万余元全部用来建筑文艺中学的实验室和图书室，以育人为己任。1940年，为避日寇，曹典球将文艺中学迁至今涟源市杨家滩镇。他除主持校务外，还兼教国文、历史。这时办学艰难，全家生活也艰难，只好借亲戚的长沙地皮进行变卖，以维持一家生活及子孙的教育费用。其妻子和第四个儿子（留学日本，回国后任教于文艺中学）都因劳累过度于这一年病故却无钱安葬，湘乡县士绅周咸和仰慕曹典球的才学人品，义赠棺木两具，才完毕丧事。这种舍家办学的行为是钱基博赞扬的"义以淑群，行必厉己，以开一代之风气"[7]的湖南学风。

杨家滩距国师所在地蓝田有15公里左右，1940年，钱基博便携钱锺书来杨家滩镇拜访曹典球。钱基博将自己在国师出版的《中国文学史》（1939年作为国师教材在蓝田印行）赠送给曹典球；钱锺书可能带去了

4. 侍奉父亲

《国师季刊》第 5 期（1939 年 12 月 13 日出版，上面发表了钱锺书写于巴黎、地中海、香港、昆明等地的 10 首诗，它们是《何处》《将归》《孝鲁无题云谁识幽人此夜心渺如一叶落墙阴因忆余牛津秋风所谓此心浪说沾泥似更逐风前败叶飞真同声也因赋》《孝鲁以出处垂询率陈鄙见荆公所谓无知猿鹤也》《更呈孝鲁》《简孝鲁索翘华夫人画》《入滇口号》《读近人诗鲜厌心者适孝鲁寄鹤柴翁诗来走笔和之》《双燕》《春怀》）及新近写的诗。曹典球非常高兴，三人交谈甚欢，自然曹典球也与钱锺书成了忘年之交。曹典球写有《喜钱子泉挈默存至》《答钱子泉所著书》和《和钱默存》（诗二首）记载此事。《和钱默存》（其一）赞叹钱锺书曰："那有桃源足隐居，大千都是劫灰馀。羡君海外归来客，读尽人间未见书。兰芷入怀殊不恶，文章憎命竟何如。漫愁屈贾无安处，卑湿于今渐扫除。"[8] 这首诗和的是钱锺书的《赵雪崧有〈偶遗忘问稚存辄得原委〉一诗，师其例赠燕谋。君好卧帐中读书》原韵。钱锺书的这首诗没在《国师季刊》上发表过，但编在《槐聚诗存》1940 年里。

钱基博的用意再明显不过，就是自己要以曹典球为楷模，"委身教育，亘四十年。一意以长养人才为己任"[9]；想让钱锺书学习曹典球留学日本的儿子，安心于国师工作。曹典球诗中的"漫愁屈贾无安处，卑湿于今渐扫除"，不就是对钱基博意愿的肯定和对钱锺书的嘉勉？[10]

所以，钱基博要儿子来照顾自己不过是借口。钱基博很佩服廖世承，他曾在自传中说自己"治事之勤，不如上海王宝仑、嘉定廖世承"[11]。更重要的是，面对日本侵略者的疯狂进攻和中国在军事上的失利，钱基博认为中国的抗日"非造人何以善后！胜，则惟造人可以奠复兴之基；败，则惟造人乃能图报吴之举。而造人之大任微师范学院谁与归！"[12] 所以，钱基博的主要目的是要儿子来国师工作，支持廖世承把国师办好，承担明耻教战的责任，为抗日建国培养人才。

来国师时，钱基博已 52 岁，并体弱多病。他在《自我检讨书》中说自己"早年失血，以致心脏硬化，肋间神经常常作痛，往往彻夜不得贴席眠；及到日本抗战（按：抗日战争）发生，家破流亡，眼看到各地的沦陷，人民的惨痛，恐怕焦虑，加增了我的心悸、舌麻，头痛"[13]。但他有自己曾任教光华大学时的学生吴忠匡做助教，平时吴忠匡就住在邻近的房间里，照顾钱基博的起居。作为嗜书如命、一心钻研学问的钱锺书来说，除每天到父亲房间里问安和时不时给父亲炖一只鸡外，其他恐怕帮不上什么忙，也不用他帮忙。

只是有一次帮了一个大忙。杨绛《我们仨》中回忆说：钱锺书写信告诉她，父亲"关心国是，却又天真得不识时务。他为国民党人办的刊物写文章，谈《孙子兵法》，指出蒋介石不懂兵法而毛泽东懂得孙子兵法，所以蒋介石敌不过毛泽东。他写好了文章，命吴忠匡挂号付邮"。

"吴忠匡觉得'老夫子'的文章会闯祸，急忙找'小夫子'商量。锺书不敢诤谏，诤谏只会激起反作用。他和吴忠匡就把文章里臧否人物的都删掉，仅留下兵法部分。文章照登了。爹爹发现文章删节得所余无几，不大高兴，可是他以为是编辑删的，也就没什么说的。"[14]

中国的传统文化虽然在钱锺书的脑子里根深蒂固，但他毕竟也深受过西方文化的熏陶，所以他虽然对父亲孝顺，但也不盲目崇拜，甚至也不要学生盲目崇拜。涟源市志办公室退休干部傅定志还讲过这么一个故事：钱锺书的父亲钱基博在国师中文系讲课时，常搬一把太师椅，坐在讲台上讲。讲到得意处，兴致勃发，摇头晃脑，哼哼哈哈。学生们认为他风度十足，生动有趣，十分欢迎。钱锺书虽然挚爱他的父亲，但对此却不以为然，特别是对他父亲的一些学术观点与见解，更不随意附和。他常对一些朋友和学生说："老头子那一套，你们可别信那么多。"刘世南在《记默存先生与我的书信交往》里也说到这样一件事："一天，王君转述闻诸国师旧友的轶事：国师有一对父子教授，父亲叫钱基博，儿子叫钱锺书。这位锺书先生少年英俊，非常高傲，有一次在课堂上居然对学生们说:'家父读的书太少。'有的学生不以为然,把这话转告钱老先生,老先生却说:'他说的对,我是没有他读的书多。首先,他懂得好几种外文,我却只能看林琴南译的《茶花女遗事》;其次,就是中国的古书,他也比我读的多。'"[15]

注释:

[1][14]杨绛.我们仨[M].北京:生活·读书·新知三联书店,2003:97-98,101-102.

[2]吴学昭.听杨绛谈往事[M].北京:生活·读书·新知三联书店,2008:176-177.

[3]钱基博.谕儿锺书札两通(其二)[J].上海:光华半月刊,1932,11(4).

[4][5]蓝田:国立师范学院.国师季刊,1939,1(1):61,62-63,3.

[6][9]钱基博.猛庵集序[M]//夏国权,吴继刚.爱国教育家曹典球先生.长沙:湖南大学出版社,1998:97-99,98.

[7]钱基博.近百年湖南学风[M].北京:中国人民大学出版社,2004:3.

[8]夏国权,吴继刚.爱国教育家曹典球先生[M].长沙:湖南大学出版社,1998:109.

[10]吴勇前.钱基博、钱锺书父子与曹典球的交往述略[J].湖南科技学院,2017,11(11):66-67.

[11][13]钱基博.钱基博自述[M].合肥.安徽文艺出版社.2013:10,37.

[12]钱基博.国立师范学院成立记[J].国师季刊,1939,1(1):3.

[15]刘世南.记默存先生与我的书信交往[M]//傅宏星.钱基博年谱.武汉:华中师范大学出版社,2007:147.

5. 学生偶像

钱锺书，这位在清华大学被老师称为"人中龙"[1]的高才生，留学刚回国就被清华大学破格聘为教授，又是著名古文学家钱基博的长子，他被聘请到国师任英文系教授与系主任，肯定是人未到名声已先到。

国师的学生，特别是英文系的学生一定是翘首期盼。

在钱锺书来国师之时，国师已招收了两届学生。这两届学生是由当时的教育部统一组织招生，分配给国师的。第一届学生分配名额171名。廖世承到湖南大学联合招生办事处亲自主持这些考生的口试。但由于战乱，交通阻塞，到校学生102人。这些学生中有一部分相当有才华，如国文系的颜克述，入学之初就写了一篇长篇通讯《国师补行开学典礼的素质描》刊登在《国师季刊》第2期上，具有记者的专业水平。石声淮入学考试的作文，大得钱基博的赞赏，他还会英语和德语。公民训育系的张斌，在校学习期间与同学一起主编《新星》半月刊，后成为著名的语言学家，全国高等师范院校现代汉语教学研究会名誉会长。

1939年是分区考试，国师主持蓝田分区的考试和阅卷，自主划分数线录取新生，招收学生267名。这一级英文系的学生张文庭，于1940年春以国立各级院校统考蓝田区考生第一名的成绩获得教育部奖励。

国师本着培养健全师资的办学目的，希望培养出高质量的中等学校师资，故招生严格，录取学生质量高；不盲目扩大招生人数和学校规模。1941年以前，国师招生都是按教育部在全国范围内组织高等院校的统一招生方案进行，即由教育部分配录取名单。1941年，由于全国抗战进入了艰苦的相持阶段，交通不畅，招生考试由各学校自行组织。由于国师名师云集、管理严格、办学质量高，报考国师的人逐年增加，但国师并没有放开录取。廖世承说："我们并不希望学生多，也绝不因为投考的人少而滥收学生，程度不好的宁可不取。我个人意见，等到师范学院办得有基础后，师范学院的学生应该选择全国各中学最优秀的青年，他们的体格要好，志趣要纯正，要好学不倦，要热心服务。这样的师院毕业生，出去领导青年，国家才有希望。"

钱锺书在国师的1939—1941年是国师的发展时期。这段时期，"长沙大战至再至三，常德被围，危如累卵，狼奔豕突，每岁不宁，本院虽接近前线，惊心烽火，但好整以暇，弦诵自若"。1940年国师开办两周年时，廖世承在《本院两周年纪念》报告中说："道路已修，房屋已落成一部分，学生已达500人，此外复习附中学生100余人，教职员子弟小学60余人，附设民教馆所办民众学校之青年班、成人班、儿童班、妇女班共1000多人。全院教师已有170人左右。就物质方面说，比以前充实了；就师生人数方面讲，也比以前增加了十几倍。"

国师以"仁爱精勤"为校训，重视对学生道德品质的教育，重视专科和专业的训练，学风好，学生专业水平高，教育教学效果优良。1940年第一届全国专科以上学校学业竞试，国师获教育部"全国专科以上学校学业竞试成绩优良院校"嘉奖，为教育部传令嘉奖的12所大学中第10名。嘉奖的12所大学为国立中央大学、私立岭南大学、国立武汉大学、国立浙江大学、国立中山大学、四川省立重庆大学、国立厦门大学、私立东吴大学、国立西南联合大学、国立师范学院、国立四川大学、私立复旦大学。第一届甲乙类竞试决选生，全国师范学院共6名，国师却占了3名；第二届甲乙丙类竞试决选生及丙类成绩次优特予奖励学生，全国师范学院共12名，国师占了5名；第三届甲乙类竞试决选生，全国师范学院共 22 名,国师却占了 14 名;第四届决选生及成绩次优特予奖励学生,全国师范学院共 4 名,国师占了 3 名。所以,国师是同类师范学院中的佼佼者。

"国师毕业生在所在行业大有建树,特别在教育界、学术界,许多成为著名教授、学者、科学家或省级领导。如华中师范学院国学名师石声淮,湖南省教育科学研究所语文研究室主任、研究员曾仲珊,《文心雕龙》研究专家吴林伯,古典文学研究专家王昌猷,著名汉语语法研究专家邓福南,著名语言文字学家邓志瑗,著名古代文学史专家马积高,湖南省教科所教育理论研究室主任许超荣,著名韵文学专家羊春秋,著名学者张文庭,南亚研究和外交翻译专家何大基,中国音乐家协会会员伍湘涛,资深翻译家周缮群,著名历史地理学家、大熊猫及珍稀动物研究专家何业恒,开创了我国品德心理研究这一领域的先河的中国心理学会教育心理专业委员会委员李伯黍,为心理学研究的国际协作做出了贡献的中国心理学会副理事长兼发展心理学专业委员会主任委员朱曼殊,中国高等教育发展战略研究会理事王隐雄,现代汉语语法专家张斌,数学专家戴世虎、成之康、刘谔夫、张岳中、熊大寅、熊尚哲,数学教育的理论研究专家欧阳录,教学理论研究专家张定璋,科学技术哲学学科创始者曾近义,人民教育出版社副编审冷如松,应用光学专家、科学院院士陈星旦,理论物理学家谢泉,国家一级田径裁判梁涤清,我国第一个体育博士生导师章钜林,国家级田径裁判徐祖本,国家一级篮球教练袁本瑶,1984 年国家科技进步三等奖获得者康智遥,科普作家刘后贻,生物学专家周家兴,中国工程院院士刘筠,湖南省地方志编纂委员会常务副主任吴若虚,湖南省人民政府原副省长兼省教育委员会主任王向天,湖南省原省委书记熊清泉,推动了台湾 9 年基础教育实施的台湾省教育厅厅长潘振球,等等。"[2]

这样学院的学生对钱锺书这样名师的到来,是欢欣鼓舞的,学生也

5. 学生偶像

将会是获益匪浅的。

钱锺书在英文系开设"英语散文"课,曾夸奖张文庭是"bluestocking"(好读书的女才子)。张文庭曾说钱锺书先生是她当年课讲得最好的老师之一,上课形态跟许国璋先生描述的类似。[3]语言学家许国璋是钱锺书在西南联大时的学生,他曾这样回忆钱锺书:

> 钱师讲课从不满足讲史实、析名作。凡具体之事,概括带过。而致力于理出思想脉络,所讲文学史,实是思想史。师讲课,必写出讲稿,但堂上绝不翻阅。既语句洒脱,敷陈自如,又禁邪制放、无取沉长。学生听到会神处,往往停笔默记,盖一次讲课,即是一篇好文章,一次美的感受。课堂板书,师喜用英国伊丽莎白朝之意大利体。字体大而密,挺拔有致。凡板书,多为整段引语,拉丁语、古法语、意大利语。[4]

钱锺书鼓励着张文庭,影响着张文庭。张文庭1944年毕业,留校任教,中华人民共和国成立后为湖南师范大学教授,著名学者。她曾给研究生开过"英语散文"课,这就是对老师事业的继承。她翻译的著作有《莎士比亚注释丛书:威尼斯商人》《莎士比亚注释丛书:亨利四世》等。

与张文庭在国师同班的同学周令本回忆说,钱锺书先生"风度翩翩,是当时衣着最讲究的年轻教授,课上得精彩极了,他是学生崇拜的偶像。课余男同学总围着他。平时他喜欢跟与他从上海来的几位如徐燕谋先生在一起"[5]。

周令本的描述不够具体,我们引一段曾是钱锺书在西南联大的学生许渊冲对钱锺书上课精彩情景的回忆,以作补充。

在许渊冲的记忆中,钱锺书给他上课时才28岁,"戴一副黑边大眼镜,穿一身藏青色西服,可以使年龄显得大一点。讲'大一英文'时,他低头看书比抬头看学生的时候多，双手常常支撑在讲桌上，左脚直立，右腿稍弯，两脚交叉，右脚尖顶着地。他讲课……却只说英文，不说中文；只讲书，不提问；虽不表扬，也不批评，但是脸上时常露出微笑。记得当时昆明的电影院正放映莎士比亚的名剧《罗密欧与朱丽叶》，他就微笑地说，有些人看了这部电影，男的想做罗密欧，女的想做朱丽叶"。"钱先生讲课谈笑风生，妙语如珠，大有'语不惊人死不休'之概。"[6]

国师各系以"学术以切磋而进，志行以砥砺而敦"为宗旨均成立了学会。其中，英语学会于1938年12月24日成立，通过会章，并邀请汪梧封、高子毂二教授为导师。并广征会员，外系同学参加甚为踊跃。会员每人须选定英文文学名著1册于半年内看完，开会时，依照编定名次报告心得。导师记其成绩，于学年终结时，评定等第。举其优者，赠奖品，以资鼓励。每周集会1次，每次开会演讲者3人，阅读报告者3人。会员讲题大多是关于名著介绍及时事讨论。专题讨论亦举行1次，题目为 On War。每次邀请教授讲演。在钱锺书来国师之前，计已请廖院长讲演《学习英文的方法》，汪教务主任讲演《学法文之经验》，任主任导师讲演《如何做英文教师》，汪梧封先生讲演《欧战后之英国文学》。钱锺书来后，英语学会搞得更是有声有色。据《国立师范学院旬刊》第10期记载，1940年2月3日，英语学会举行学术演讲，钱锺书讲演《美国的英语》，详述英美文字的区别及美国英语的特点，并阐释许多单词合成语在英美两国不同的意义，列举极为详尽。《国立师范学院旬刊》第15期记载，1940年4月6日，英语学会召开第二次常会并举行演讲练习，杨怀远等8位同学进行演讲，钱锺书主任、汪梧封教授莅临指导。《国立师范学院旬刊》第16期记载，1940年4月21日，国师师生进行春日郊游，英语系同学40人，由导师钱锺书、汪梧封、高子毂、沈同恰、徐燕谋、周缵武等6位先生率领游览刘氏墓庐。刘连捷墓位于今涟源市石马山镇新塘山。刘连捷，号南生，清朝人。今涟源市杨家滩人。曾任知县擢知府，晋按察使，加布政使，官至两江（江西、江苏）总督，诰授光禄大夫，钦命头品顶戴，恤赠太子少保。卒于光绪十三年，年53岁。墓四周砌有青砖护墓围墙，入口处立有7米高的牌坊，上刻"圣旨"二字及游龙舞凤图。距墓30米处建有砖祠，祠内有大石龟及龟碑。上刻墓志铭，自祠至墓冢砌有石级，路旁柏树高耸，石柱、石马、石羊、石虎、石俑成对分列两边。这些石雕凿刻精细，或立、或蹲、或跪、或卧，形状各异，形态逼真，均置石座之上，每尊重达数千斤。登石级，经祭石、香炉，才到墓庐。墓庐系大青石、青砖、三合土所筑，其上立有大理石碑，周围石墙上有牛郎织女、七仙下凡、文王访贤等浮雕。这些精细石刻均掩映在绿荫之中，环境极为雅静。

国师实行导师制，导师每个月要同学生同桌吃饭一次（创办之初则是每日三餐，师生一律入食堂同桌吃饭，饭菜一致）。当时的训导主任是孟闲，推行"食不语、寝不言"等守则，"师生会餐，只见埋头大嚼，不许出声。钱锺书教授（英语系主任）则持不同观点：'饮食乃人生一乐，席间不自由交谈，必为人生一苦，焉足为训？'英语系诸生，则唯锺书仙之马首是瞻，大餐厅中，乃见杂音"[7]。

不仅英文系的学生追随钱锺书，其他系的学生也常听他聊天，向他请教，来听他的课。

1938级史地系学生桂多荪《"国师"初建时期的点滴回忆》中说："我系住房同钱锺书教授是'洛阳女儿对门居'，有时也去他房中'听'他谈心，因为插不上嘴，只是'听'，也百'听'不厌；有一次，我拿了我的'小说'习作《方圆说》请他看，他大加赞许，也谈了许多外国典故给我听，可惜后来改写，我们搬了家，便没再请他过目了。"[8]

"又据我在上海教师进修学院和上海教育学院的同事兼难友陈思卓先生见告，钱公在湖南蓝田国立师范学院担任英语系主任时，他正在那儿读书。他学的是物理，却爱听钱公上课。"[9]

那些没有听到钱锺书的课的学生则大感遗憾。1943级英文系学生何大基回忆说:"我们英语系的师资力量比不上国文、教育系,但同学们引以为荣的是钱基博教授的公子学贯中西的钱锺书先生,在蓝田时期曾任英语系主任。遗憾的是我没有在钱锺书先生离校前听过他的课。"[10]何大基国师毕业后刚20岁就能在新独立的印度的大使馆独立承担外交文书的笔译,后成为著名的翻译家。1949—1975年先后在外交部驻印度、巴基斯坦大使馆工作,从事南亚研究和外交翻译,编译撰写各种内部报道和调研报告。1975—1978年在郑州大学外语系任教,兼翻译组长。1978—1997年在中译公司主要从事翻译联合国文献出版物的组织审订工作,主要有《裁军年鉴》《世界经济概览》《世界银行年度报告》等。1979年、1981年曾两次应邀赴维也纳联合国工发组织担任审校。

虽然国师以钱锺书为偶像,但他不主张盲目崇拜权威。国师1939级体童科学生谢力中回忆说:"钱默存仙为百年唯见的文学高才。英语系学生中有人问他:'林语堂的英文造诣如何?'林是常年流行英语的多产作家之一,在文林颇富有盛誉。不料默存仙回答是'他(林)的英文是用脚趾头写的!'"[11]当然,林语堂是中国现代著名作家、学者、翻译学家、语言学家,钱锺书这里仅代表他个人的看法,并且是针对某一点而言的。

注释:

[1] 郑朝宗《海夫文存·但开风气不为师》(厦门大学出版社,1994年)第1页:1929年,钱锺书因"国文特优,英文满分"被清华大学破格录取,进入清华大学外文系。入学不久后钱锺书就以博学强记震惊师生,吴宓曾经称赞道:"自古人才难得,出类拔萃、卓尔不群的人才尤其不易得。当今文史方面的杰出人才,在老一辈中要推陈寅恪,在年轻一辈中要推钱锺书。他们是人中之龙,其余如你我,不过尔尔。"钱锺书在同学中便很快有了"清华之龙"的雅号,与曹禺和颜毓蘅并称为外文系"三杰"。

[2] 吴勇前. 辉煌苦难11年——中国第一所独立师范学院史[M]. 长沙：湖南师范大学出版社, 2017：125.

[3][5] 蒋洪新.《围城》内外的故事：钱锺书与国立师范学院[M]//邱超文.《围城》之城. 北京：中国文史出版社, 2007：311, 311-312.

[4] 张文江. 文化昆仑——钱锺书传[M]. 台北：台湾业强出版社, 1993：56.

[6] 李洪岩. 智者的心路历程——钱锺书生平与学术[M]. 石家庄：河北教育出版, 2002：161-162.

[7][11] 谢力中. 光明山点滴：一九三九—四零肆业蓝田国师回忆[M]//邱超文.《围城》之城. 北京：中国文史出版社, 2007：126, 127.

[8] 桂多荪."国师"初建时期的点滴回忆[M]//邱超文.《围城》之城. 北京：中国文史出版社, 2007：119.

[9] 刘衍文. 漫话钱锺书先生[M]//冯芝祥. 钱锺书研究集刊：第二辑. 上海：上海三联书店, 2000：102.

[10] 何大基. 忆蓝田时期的国师[M]//邱超文.《围城》之城. 北京：中国文史出版社, 2007：111.

6. 图书主席

栾贵明在《小说逸语——钱锺书〈围城〉九段》里写道，他曾对钱锺书说："只用一个'书'字概括您，足够。"钱锺书说："怎么讲？"栾贵明说："您看，'想书''借书''读书''抄书''解书''讲书''比书''著书''补书''辑书'，压缩下来，只一个'书'字啦！"钱锺书笑了。[1]对于被称"书痴"的钱锺书来说，宁肯一日无餐，不可一日无书。

幸好，钱锺书来到国师时，国师的图书馆藏书已有一定规模了。

国师开办之初，所租用的李园内西北角，有一座小楼，原为李氏书屋，短墙围绕，自成院落，高旷幽静，最宜阅读，故经国师筹备委员会选为本院图书馆馆舍之用。楼上四间，一间做书库，其余做阅览室。1940年4月28日，在国师二院修建成新图书馆（即钟楼），分阅览室三大间、书库两大间及办公室等（原址大致在今涟源一中"三间钟楼"处）。

国师图书馆开办之初，国师筹备委员会在长沙购置新书612册，接收了安徽大学和山东大学的旧书，总共不过1000多册。当时的教育部指定将江苏省立镇江图书馆存湘图书全部交由国师应用，唯因时局影响，未运到。于是，与湖南私立妙高峰中学方克刚校长订约，借用南轩图书馆书15732册，由国师出具书价30%作为保证金，将该馆藏书全部移藏国师，以一年半为期。南轩图书馆藏书丰富，大部书籍如《古今图书集成》《四部备要》《万有文库》和《四部丛刊》正续编、大本《二十四史》、

《四库全书珍本》及湖南全省各县方志，均全备；有名的杂志，自第一期起，完整不缺者，亦有一二十种之多。同时，妙高峰中学教员钟松藩先生借给国师图书馆中西书籍 223 本。国师当年统计，1939 年国师图书馆藏书册数为中文 21323 册，西文 727 册，学生 404 人，教职员 99 人，两项合计为 503 人，人均图书有 43 本多。而"那时西南联大有学生两三千名，图书馆却只能提供不到二百个座位"，"几万册藏书，主要是课本和各种教学参考书……粥少僧多，图书馆开馆前，门外总是挤满了人，以便抢进去借一本参考书或是占一个座位"。[2] 人均图书国师比西南联大多得多，且丰富得多。

这样丰富的藏书对嗜书如命的钱锺书来说是再好不过的。吴忠匡在《记钱锺书先生》一文中回忆说，自己和钱基博、钱锺书"在蓝田的那些日子里，我们除了教学任务外，只是读书，钻书堆，每天的生活极其单调刻板，然其格调却又极丰富多彩。老先生每天自清晨到深夜，总是端坐在他的大书案前无间息地、不倦怠地著书立说，编撰《中国文学史》，写读书日记。锺书也是整天埋头苦读，足不出户。一般是午前的时间，他都用它来阅读外语书籍，大部分是他从国外带回来的。剩余的时间，他阅碑帖，临写草书；楷书的师法却模仿近人张裕剑等，算不得'高古'，后来好像学过苏、褚，二王的字，不过都不下工夫，随便临摹，成不了气候。午后和晚饭以后的时间，除了到邻屋老先生的房内聊天而外，他都用来翻检所能到手的中国四部古籍，或是伏案写作。一灯晶莹，孜孜不倦（刚建院后一段时间，全院师生都用灯心草爇桐油照明，稍后改用植物灯）……锺书博闻强记，凡经他浏览过的典籍，几乎过目不忘，一些名家的大集不说，某些杂记小说和小名家诗文，你只要考问他，他也能够穷源溯流，缕述出处，甚至一字不漏地背诵出来"[3]。

接着回忆道："我们苦志读书，冬季严寒，屋内都用木炭盆生火取暖，每至午夜，我们就用废旧纸，包裹鸡蛋，用水湿透，投进炭火，蛋煨熟了,我们一人一枚用它作夜宵。"

国师图书馆虽然藏书较丰富,但种类不齐全,如教育哲学类、自然科学类等方面的图书不多;同时,南轩图书馆借书期限只有一年半。1940年春,在有人挑唆下,教育系一部分学生就以学院图书馆教育哲学类书籍缺乏、伙食费低为由发动全校学生进行为时10多天的罢课、游行。

但是时值战事紧张,交通运输困难,购书极其困难。国师成立图书委员会,千方百计扩充图书馆藏书,利用一切机会和条件购置图书报刊。每年派专人到邵阳、桂林等地进行收购;廖世承院长到重庆出差公干时,顺便购置图书;新聘教授从外地来院、院内教授请假省亲时,也顺便给学院购置图书;有藏书家出售图书时,就积极收购;在蓝田学余编印社购置参考书。还通过有关部门、机构订购外文书籍,或将书单寄呈教育部转请财政部向美国世界贸易公司订购,或委托中央信托局向美国订购各学科专门杂志125种。

来到国师,钱锺书当仁不让地担任了国师图书委员会主席。钱基博两父子与图书馆都有不解之缘。钱基博于1918年6月至1920年12月担任过无锡县立图书馆经董(相当于馆长),在这两年半里,搜罗乡贤著述,校印地方文献,编制馆藏书目,革新内部管理,募集出版资金,为图书馆的经营付出了艰辛的努力。在国师钱基博也是图书委员会委员。钱锺书在清华大学读书时,就立志要"横扫清华图书馆",他对清华图书馆的馆藏比图书管理员还熟悉,不用检索就能知道某本书在图书馆某一室某一架某一层。[4]钱锺书担任图书委员会主席是最佳人选了。国师图书委员会委员共6人,到1940年下半年图书委员会委员增到10人。据《国立师范学院旬刊》第8、9期合刊记载,1940年1月31日,图书委员会开会议决图书费2.5万元之分配。据《国师季刊》第7、8期合刊附载院务会议记载,1940年3月23日第17次院务会议上,图书委员会主席钱主任向会议报告：南轩图书馆借与本院之书籍将届期满，已请图书组洪主任及李仲珩、谢海若两教授前去接洽续借事宜；又因增购图书，请洪主任即日至邵阳采办。《国立师范学院旬刊》第14期记载，1940年4月4日下午，由钱锺书主持，图书委员会举行第四次会议，商讨6万元经费使用办法。在钱锺书担任图书委员会主席期间，图书条件大有改善。1940年共添置中文图书9087册，西文图书367册，共计9454册。年末，除了把借湖南南轩图书馆的1.5万余册图书全部归还外，图书馆藏书仍有16308册，其中中文图书15371册，西文图书937册。到1941年图书馆藏书达到21566册，其中中文图书20330册，西文图书1236册。

钱锺书不仅主持图书经费的公平、公正的分配和规划图书的购买，还亲自上街帮学院图书馆买书。涟源市志办公室退休干部傅定志曾讲过有关钱锺书的另一个故事：有一次，钱锺书上街买书，进书店以后，见到他喜欢的需要的书，他就买。买好要回去了，他才发觉书买多了，自个儿提不动，只好请人送回学校。这极有可能是帮学院图书馆买书。

图书馆藏书的丰富，为师生的阅读、教学、学术研究提供了有利的条件。如钱基博在蓝田时期除发表了10多篇学术论文外（不包括一般文章与诗），还出版了专著《孙子章句训义》（增订新战史例）、《中国文学史》（上古至隋唐之部）、《中国文学史》（宋辽金之部）、《德国兵家克劳山维兹兵法精义》（由钱基博注释、顾谷宜译）、《中国文学史》（元之部）、《近百年来湖南学风》等。另有储安平、高觉敷等教师在蓝田期间出版了10部专著。尚有未出版留存在图书馆的讲稿上百种，如储安平《英国采风录》（自序署"1945年4月10日于国立师范学院"）、《英人、法人、中国人》，钱锺书的《谈艺录》（上半部分），等等。

在蓝田期间，国师出版了《国师季刊》《国力月刊》《体育与健康教育》等。《体育与健康教育》为双月刊，是抗日战争期间我国唯一的体育杂志。这本刊物广泛介绍欧美新兴理论与实践，报道国内体育动态，发表体育与健康教育专论,刊登学校体育教材,成为当时国内影响很大的体育类学术刊物。国师教务主任、生物教授汪德耀1940年在《国师季刊》发表了《动植物"细胞内细胞质之基本形成物"的研究》,被我国细胞学界公认为抗战8年期中唯一的细胞学论文,曾被推荐到中国动物学会30周年纪念大会展出。

国师教师这些众多的学术成就,如果没有丰富的图书资料和一定的实验室条件作支撑是不可能取得的。而当了两届国师图书委员会主席的钱锺书也是功不可没的,但是这一点,长期被人们忽视了。

注释:

[1] 栾贵明. 小说逸语——钱锺书《围城》九段[M]. 北京:新世界出版社,2018:100-101.

[2] 西南联合大学北京校友会. 国立西南联合大学校史[M]. 北京:北京大学出版社,2006:41-42.

[3] 田慧兰,等. 钱锺书杨绛研究资料[M]. 北京:知识产权出版社,2010:68.

[4] 殷洪. 钱基博、钱锺书父子的图书馆情缘[M]//谢泳. 钱锺书和他的时代. 上海:上海辞书出版社,2009:197-203.

7. 归计未成

钱锺书在1940年暑假前写信给杨绛，说"他暑假将回上海。我公公原先说，一年后和锺书同回上海，可是他一年后并不想回上海"[1]。

钱基博不回上海，主要原因是要支持廖世承办好国师，为抗战建国培养人才。他在国师开办之初的第一次演讲时，就号召学生学习和发扬湖南学风，最后慷慨激昂地说："我记忆中所认识之湖南学者，虽术业有专攻，学问有歧出，而要之有独立自由之思想，有坚强不磨之志节，湛深古学，而能自辟蹊径，不为古学所囿；精神意趣，则无不同。独念本学院设于湖南，我同学倘能恢张学风，绳此徽美，树规模，开风气，以无忝于前人，岂特一校之私以为幸，民族前途，有利赖焉！昔罗泽南以村学究，师弟磨切，而义感人神，卓有树立。吾党凭藉，什伯于罗山师弟，则所树立，亦必什伯于罗山师弟，乃足以副国家之作育。风流未沫，有为者亦若是！在吾党好为之耳！尚乃勖哉！毋陨越以贻前人羞。"[2]作为奉行经世致用、不做"经师"（单纯传授知识的老师）而做"人师"（为人师表的老师）的钱基博，怎能只号召学生做，而自己不身体力行呢？

同时，廖世承也是一位具有强烈的爱国思想和民族意识的教育家，他认为，我国过去的教育偏重个人，国民缺乏民族和国家的观念，处在抗战建国的伟大使命中，应当矫正以往的错误，以民族本位为教育政策的基本原则。在这个原则下，要提倡牺牲个人自由增进民族自由，贡献个人能力，加强民族能力。他是这样说的，也是这样要求自己的。1938年冬，他毅然接受教育部的聘请，离别了病榻上的老父和妻子、儿孙赴蓝田筹设国立师范学院，为培养抗战建国的人才而奋斗。在《本院周年纪念感想》的演讲中，他说，日本"非灭我国不可，非使我民沦为奴隶不可。为什么敌人敢如此猖狂？就因为我们教育不发达，科学落后，民众缺少训练。所以在抗战期间，毅然创设师范学院；希望我们帮同唤起民众，在战时加强抗战力量，在战后刷新教育阵容"[3]。

要在战火横飞的年代，要在紧临前线200公里左右的蓝田创办一所高等院校是一件十分艰难的事情。国师办学时，正处在我国出现"师荒"时期。由于政府多年不重视高等师范教育，师资来源本来就不足；当时教师待遇不及公务员，许多人弃教转行，进入抗战后方机关或金融、经济、工程等行业，愿意当教师的知识分子越来越少。所以，国师聘请教师不易，聘请来的教师，有的工作一两年又离开了，有的仅是从别的大学借来教一个学期的，因此，年年、期期都需要聘请教师。国师教授钟钟山曾总结创办国师有"三难"："一曰时难……而吾校即于此战事紧张之际，筹备成立，是谓时难。二曰地难……蓝田既偏处一隅……交通既不便利，物质缺乏，可想而知……是谓地难。三曰人难……抗战发生，北方各省及东南沿海各区多被沦陷，名流人望，星散各方，百计招致，多辞而不应，此教授之难延也。而诸生亦以交通不便，来校匪易，或仓皇于征途，或羁身于逆旅，此又诸生之难聚首也。是谓人难。"

当时国师只有国文、英文、教育、史地、公民训育、数学、理化等7个系，如果在这创办之初，国文、英文两个系的系主任和名教授一下离开，这不是拆了国师的台吗？

当然，还有一个重要原因是，1940年夏，钱锺书的小妹钱锺霞来到国师。钱锺霞来蓝田的目的，有人说，是给其父亲送信："日寇陷沪后，为笼络人心，准备在上海创办一所联合大学，指使上海汉奸维持会长写信给钱先生,聘他去任校长,并命他的女儿千里迢迢从上海来到蓝田送信。钱先生接到此信,义愤填膺,当即撕毁。他认为:'寇深矣!国危矣!吾人当此危急存亡之秋,安可不思所以自处!'终于稳坐国师任教不动。"[4]

1940年暑假,钱锺书辞职离开国师回上海。"锺书是和徐燕谋先生结伴同行的。但路途不通,走到半路又折回蓝田。"[5]

归计未成,自然给钱锺书增添了愁思,一首《遣愁》诗,便是其真实的写照。诗曰:

> 归计万千都作罢,只有归心不羁马。
> 青天大道出偏难,日夜长江思不舍。
> 干愁顽愁古所闻,今我此愁愁而哑。
> 口不能言书不尽,万斛胸中时上下。
> 恍疑鬼怪据肝肠,绝似城狐鼠藏社。
> 鲠喉欲吐终未能,扪舌徒存何为者。
> 一叹窃比渊明琴,弦上无声知趣寡。
> 不平物犹得其鸣,独我忧心诗莫写。
> 诗成喋喋尽多言,譬痒隔靴搔亦假。[6]

前四句,写愁的来由:千思万想回家去,没想到却回不去,但归心仍像不羁马,四处奔撞,愁思如长江之水日夜不停地流着。中间八句,写自己愁之深愁之苦。它比自古以来种种愁都要深都要长,好像是鬼怪占据在肝肠,狐鼠藏于社庙里,吐不出,说不尽。结尾六句,写自己这种愁,难以被人理解,就如一般的人,不理解陶渊明蓄一张无弦琴之意。本来心中有不平应倾诉出来,但我心中的忧愁不是诗能抒发的,诗句写得再多也无用,就像隔靴搔痒止不住痒一样。

人一般会因愁思深长而身体消瘦,但在蓝田的钱锺书却胖了。于是,就写一首自嘲诗《予不好茶酒而好鱼肉戏作解嘲》,诗曰:

富言山谷赣茶客,刘斥杜陵唐酒徒。
有酒无肴真是寡,倘茶遇酪岂非奴。
居然食相偏宜肉,怅绝归心半为鲈。
道胜能肥何必俗,未甘饭颗笑形模。[7]

"富言"句,钱锺书自注:"《宋稗类钞》富弼谓山谷'只是分宁一茶客'。"富弼,宋朝洛阳人。与范仲淹等共推庆历新政。官至宰相、枢密使。山谷:北宋黄庭坚,自号山谷道人,洪州分宁(今江西修水)人。"刘斥"句,钱锺书自注:"陆深《停骖录》刘健谓李杜'也只是两个醉汉'。"刘健,明代洛阳人,素以理学自负,孝宗时进文渊阁大学士。刘健教人治经穷理,批评写诗。据陆深《停骖录》记载,刘健云:"人学问有三事:第一是寻绎义理,以消融胸次;第二是考求典故,以经纶天下;第三却是文章。好笑后生辈,才得科第,却去学做诗,做诗何用好?是李杜也,只是两个醉汉,撇下许多。好人不学,却去学醉汉?"这两句是说富弼说黄庭坚是江西一茶客,刘健指斥诗人李白、杜甫不过是一酒徒。诗人的意思是说:我写诗,但不像黄庭坚那样好茶,也不像李白、杜甫那样好酒。

"有酒"句,化用苏轼《后赤壁赋》句意:"已而叹曰:'有客无酒,有酒无肴,月白风清,如此良夜何?'"意思是说,有酒无下酒的佳肴真是少了趣味。"倘茶遇酪"句,言如果绿茶遇上奶酪,茶难道不是奴了。南北朝时,北魏人不习惯饮茶,而好奶酪,戏称茶为酪奴,即酪浆的奴婢。北魏杨衒之《洛阳伽蓝记》:"(王)肃与高祖殿会,食羊肉酪粥甚多,高祖怪之,谓肃曰:卿中国之味也,羊肉何如鱼羹,茗饮何如酪浆?

7. 归计未成

肃对曰：羊者是陆产之最，鱼者乃水族之长，所好不同，并各称珍。常云：羊比齐鲁大邦，鱼比邾莒小国。唯茗不中，与酪作奴。彭城王勰谓曰：'卿明日顾我，为卿设邾莒之食，亦有酪奴。'"酪奴，即茶的别称。这两句是承上联解释自己不好茶、酒的原因。

"居然"句，化用黄庭坚《戏呈孔毅父》诗句："管城子无食肉相，孔方兄有绝交书。"食肉相，万里侯的食相偏宜肉相格。《后汉书·班超传》载，看相的人说班超"燕颔虎颈，飞而食肉，此万里侯相也"。食相偏宜肉，谓自己好鱼肉而有做大官的相。归心半为鲈，化用"思莼鲈"典故，表达思乡情切。莼鲈，莼菜与鲈鱼，味美，产于江浙。南朝宋刘义庆《世说新语·识鉴》："张季鹰辟齐王东曹掾，在洛见秋风起，因思吴中菰菜羹、鲈鱼脍，曰：'人生贵得适意尔，何能羁宦数千里以要名爵！'遂命驾便归。"这两句是诗人戏说自己：长着一副好鱼肉而又做大官的相，归心一半原因是为回家吃故乡味美的莼菜与鲈鱼。

道胜能肥，典出《韩非子·喻老》："子夏见曾子，曾子曰：'何肥也？'对曰：'战胜故肥也。'曾子曰：'何谓也？'子夏曰：'吾人见先王之义则荣之，出见富贵之乐又荣之，两者战于胸中，未知胜负，故臞。今先王之义胜，故肥。'"旧时文人一般认为肥胖为俗气，而瘦为风雅的外表。朱熹《西江月》："身老心闲益壮，形臞道胜还肥。软轮加璧未应迟，莫道前非今是。"饭颗，即饭颗山，相传是唐代长安附近的一座山。唐孟棨《本事诗·高逸》："（李）白才逸气高，与陈拾遗齐名……故戏杜曰：'饭颗山头逢杜甫，头戴笠子日卓午。借问别来太瘦生，总为从前作诗苦。'盖讥其拘束也。"苏轼《次韵沈长官》（其一）："不独饭山嘲我瘦，也应糠核怪君肥。"这两句是说，不甘心自己因思乡而瘦，就像李白在饭颗山嘲笑杜甫太瘦那样；于是就修身养性而心定神安，身体就发胖了。

但诗人怎么能心定神安？这不过反嘲自己而已。以笑说苦，苦更苦！

钱锺书和徐燕谋回上海半路遇阻返回蓝田，但张贞用于1940年7月

6日离开蓝田，孑身独行，虽历尽艰辛，历时29天，却回到了上海；两个月后，又经42天回到了蓝田。张贞用应廖世承的请求，向全院师生作了一次往返湘沪的报告。张贞用介绍了一路上的艰险经历，说道："从绍兴到了余姚，才知道海港确已封锁。再从余姚到慈溪，到宁波；那时正值镇海失陷，镇海收复，一幕悲壮激烈的战事，虽未目击，也算耳闻；后来敌军虽退，可是开港无期，只得重回余姚。走间道到上海；但是中间有两个难题：一是渡海的危险，一是敌人检查的麻烦；渡海是坐的帆船，并且要趁海潮的涨落，要深夜赤足在盐田中走上十里；本人虽是生长在田间，可是从二十岁后，没有经过赤足而行，这回也不得不做了一次'赤足大仙'……海程有八九十里，在夜色沉沉之中，偷偷摸摸的张帆而行；同行者连我只有三人。于晓色朦胧之时，到了对岸；回顾大海茫茫，飘着一叶扁舟，好象小说上的'八仙渡海'；细想起来，却也有些惊心。对岸是浙江的乍浦，那就是沦陷区了。一上了岸，统要经过敌人的检查；乍浦敌兵不过百人，而海口却排列着十个以上的小炮台；国军与敌军，夹海而守，因为两方都有炮台；大家不易进攻；不过本人在深夜登舟时，没有看见我方所筑的炮台。从乍浦到上海，虽是坐着国人的商轮，但是要经过敌人的检查，在十次以上；一次在行客中，查着了一个电筒，立刻把持有电筒的那个人，拳打脚踢，还把他抓去了，后来不知怎样，那时同轮的人，都张皇失措；本人也颇心惊，不知道自己的行李中有没有触犯敌人忌讳的东西；后来总算从虎口中出脱了。"

张贞用还介绍了沦陷区的所见所闻。其中说道："上海的情形与以前略有不同，各种物价，高涨到一倍或数倍，例如煤球之价，可抵得从前的鸡蛋；人口已减少一二百万，商业当然不及从前的繁盛，敌兵时常到租界上去滋扰，检查，逮捕……"[8]

钱锺书一定会去听这次报告，即使没去听，也一定会向张贞用详细打听。但听到这些，一定会更增添他心中的忧愁和思念；不仅为何时能平安回到上海而忧愁,也为生活在上海的亲人们而忧愁。忧愁与思念更让他晚上难眠。

注释:

[1] [5] 杨绛. 我们仨 [M]. 北京:生活·读书·新知三联书店,2003:107,107.

[2] 钱基博. 为人师何以处国难 [J]. 国师季刊,1939,1(1):60.

[3] 蓝田:国立师范学院. 国立师范学院旬刊,1939,12(2).

[4] 彭锦棠. 经传三尺讲台外,情系万家烽火中——钱基博先生在蓝田国师 [M] // 傅宏星. 钱基博年谱. 武汉:华中师范大学出版社,2007:154-155.

[6] [7] 钱锺书. 槐聚诗存 [M]. 北京:生活·读书·新知三联书店,2003:54,54.

[8] 张贞用. 往返湘沪之经过 [J]. 国立师范学院旬刊,1941,1(32).

8. 对月情思

窗不仅是欣赏风景的好地方，更是触发相思之情的媒介。

钱锺书在《窗》的结尾处说："关窗的作用等于闭眼。天地间有许多景象是要闭了眼才看得见的，譬如梦。假使窗外的人声物态太嘈杂了，关了窗好让灵魂自由地去探胜，安静地默想。有时，关窗和闭眼也有连带关系，你觉得窗外的世界不过尔尔，并不能给与你什么满足，你想回到故乡，你要看见跟你分离的亲友，你只有睡觉，闭了眼向梦里寻去，于是你起来先关了窗。因为只是春天，还留着残冷，窗子也不能镇天镇夜不关的。"[1]

钱锺书所住房子的窗子是东向的，即是朝着上海方向的。国师初办时期的教职员大部分来自上海、江苏、浙江、安徽，相当一部分学生来自上述省市和江西省，一部分学生来自湖南的长沙一带，这些地区都在蓝田的东面，李园的大门是东向的。所以，国师在李园附近的光明山新建二院时，教室的朝向都是东向，而蓝田地区建筑房子是以坐北朝南为佳。之所以坐西朝东，是为了寄托乡思之情。国师国文系1938级学生石声淮来自长沙，在其《致战区学友书论今后青年应有之觉悟》一文中说："眷焉东望，不胜故人之思。"[2] 国师有一诗社，叫"白云"。这诗社之名，也蕴含了乡思之意。"白云"的典故出自《新唐书·狄仁杰传》：唐朝时期，狄仁杰任并州法曹参军，其父母亲在河阳，相隔很远。一天他登上太行山，转身朝河阳方向遥望，对左右人说自己的父母亲就住在远

8. 对月情思

方的那白云之下。他久久地注视那块白云，直至它从视野中消逝。后来，"白云"就成了思亲思故乡的典故。如黄庭坚《次韵寅菴四首》（其二）："白云行处应垂泪，黄犬归时早寄书。"

窗，不仅给钱锺书带来欣赏窗外之景的愉悦，激起哲学的思考，更带来无限的羁旅愁绪。无论是打开窗眺望，还是窗后静坐，就因想到远在上海的亲人们而常常彻夜不眠。收集在《槐聚诗存》里表现诗人在国师这段时间内的羁旅愁绪的诗有18首（组）之多。写于1940年的《山斋不寐》诗曰：

睡如酒债欠寻常，无计悲欢付两忘。
生灭心劳身漫息，住空世促夜偏长。
蛙喧请雨邀天听，虫泣知秋吊月亡。
且数檐牙残滴沥，引眠除恼得清凉。[3]

诗的大意是说，欢娱嫌夜短，悲愁夜更长，失眠是常有之事。躺在床上，虽然身体安逸却心力交瘁。只听到窗外青蛙喧闹，如在向天求雨，蟋蟀在阶下为自己短暂的生命而悲泣哀鸣。暂且数着窗外屋檐的滴雨，想借入睡消除心中的烦恼，结果无济于事，只赚得一晚的清凉。

特别是到了中秋之夜，凭窗望月，心儿就飞向了上海。请看钱锺书写于1940年的《中秋夜作》组诗：

补就青瓷转玉盘，夜深秋重酿新寒。
不知何处栏干好，许我闲凭借月看。

往年此夕共杯盘，轻别无端约屡寒。
倘得乘风归去便，穷山冷月让人看。

涠阴乡里牢愁客，徙倚空庭耐嫩寒。
今夜鄜州同独对，一轮月作两轮看。[4]

组诗一，先写天上的圆月皎洁如玉盘，夜深秋寒了，但诗人无法入睡。然后责怪没有赏月的好地方。其实不是没有赏月的好地方，诗人凭窗而望就是赏月的佳处，而是不忍心赏月，怕它勾起思亲之情。组诗二，回想往年中秋之夜与家人共杯盘赏月，但自从与家人离别，多次爽约不能回家与亲人团聚。如果自己能乘风归去，这偏僻山区的冷月就留给人看。组诗三，以"涠阴乡"借代秋风，言秋风中满怀愁思的自己，走出房门，徘徊在李园里，忍受着轻寒。最后两句，化用杜甫《月夜》诗意："今夜鄜州月，闺中只独看。遥怜小儿女，未解忆长安。香雾云鬟湿，清辉玉臂寒。何时倚虚幌，双照泪痕干。"写此刻，诗人与妻子在遥远的两地望月思念对方。这种手法，钱锺书称为"己思人乃想人亦思己，己视人适见人亦视己"。它源自《诗经·陟岵》。这种手法，"分身以自省，推己以忖他；写心行则我思人乃想人必思我，如《陟岵》是，写景状则我视人乃见人适视我……他日读杜子美诗，有句云：遥怜小儿女，未解忆长安；却将自己肠肚，置儿女分中，此真是自忆自"[5]。

这一组诗可与钱锺书将离上海赴蓝田之时所写的《对月同绛》一诗对照读，其诗曰：

分辉殊喜得窗宽，彻骨凝魂未可干。
隘巷如妨天远大，繁灯不顾月高寒。
借谁亭馆相携赏，胜我舟车独对看。
一叹夜阑宁秉烛，免因圆缺惹愁欢。[6]

这首诗写诗人自己与妻子同赏明月。先也是写月光从宽大的窗子里

8. 对月情思

照耀进来,清澈入骨,使人神思专注,凛然不可冒犯;狭隘街巷怎么能妨碍天的高远广阔呢,而我们不管地上繁灯闪耀,只看天上高处的寒月。但一想到即将与妻子离别远去,下一次月圆之夜,不知妻子借谁的亭馆在赏月,但也胜过我在车船中独自一人对月看。为此长叹一声,宁愿一夜秉烛不睡,免得因月圆月缺惹动愁思。怀念亲人而致怨月,无理至极却是深情之至。

两首赏月诗,表达同一个主旨:离情别绪。只不过一首在离别之前,一首在离别之后,因而愁绪有深浅之别。特别是当远离亲人在外地遭受病痛时,那孤寂无助之情就特别浓烈了。

钱锺书在国师因风寒患肩痛,写了《肩痛》一诗。其诗曰:

> 无人送半臂,子京剧可慕。
> 遂中庶人风,两肩如渍醋。
> 春事叹无多,老形惊已具。
> 因知风有味,甘辛不与数。
> 偏似食梅酸,齿牙软欲蠹。
> 气逼秀才寒,情同女郎妒。
> 喝风良有已,代醋三升故。
> 岂我吟诗肩,瓮醯入偶误。
> 不须更乞邻,但愿风可捕。
> 云何忘厥患,俳谐了此赋。[7]

开头两句,谓自己肩痛,没有人像宋代的宋子京那样有人关心,送来衣服;真羡慕他。病痛可一个人默默地忍受,但孤独寂寞之情就难忍受了。然后反复设喻描写肩的酸痛如肩浸在醋里,如吃了酸梅子,如女人妒忌吃醋一样,只好用这幽默的诗句来消解心中的孤独寂寞之愁。

但在"烽火连三月,家书抵万金"的时期,家人音讯是最好的消愁之药。钱锺书离家来蓝田时,其女儿圆圆两岁半,开始时旁听比她大两岁的表姐识字,后来杨绛的大姐教圆圆识字。圆圆不仅像钱锺书那样有过目不忘的天赋,而且悟性很高。"一次她挑出一个'瞅'字,还拿了《童谣大观》,翻出'嫂嫂出来瞅一瞅',点着说:'就是这个'瞅'。"1940年,三岁的圆圆"一次,认'朋'字,她对妈妈说,这是两个'月'字要好,挨在一块儿了"[8],杨绛写信告诉了钱锺书。钱锺书为圆圆悟性强、有想象力而感到高兴,于是写了《绛书来云:"三龄女学书,见今隶'朋'字,曰:'此两月相昵耳。'"喜忆唐刘晏事成咏》一诗。诗曰:

颖悟如娘创似翁,正来朋字竟能通。
方知左氏夸娇女,不数刘家有丑童。[9]

钱锺书以西晋著名文学家左思《娇女》诗中所夸称的"吾家有娇女,皎皎颇白皙。小字为纨素,口齿自清历……执书爱绨素,诵习矜所获"来比拟自己的女儿,可见钱锺书心中的喜悦之情,这给孤寂愁思之中的钱锺书带来多么大的慰藉啊!

中秋是团圆的节日,元宵也是团圆的节日。到1941年元宵节,钱锺书已两个元宵节没跟妻子女儿在一起过了,这一天,他写信给杨绛,并寄去诗《上元寄绛》。诗曰:

上元去岁诗相祝,此夕清辉赏不孤。
今日仍看归计左,连宵饱听雨声粗。
似知独客难双照,故得天怜并月无。
造化宁关儿女事,强言人厄比嫦苏。[10]

8. 对月情思

诗的大意是说，记得去年写诗互相祝愿今年元宵节能团圆在一起赏月吃元宵，不再孤单，但是今日回家的计划仍然落空，一夜无眠，饱听窗外粗大的雨声到天明。老天爷也似乎知道难以照着双双客居他乡之人（杨绛故乡也是无锡，在上海也是客居），所以上天也可怜我，今晚连月亮也没有。其实自然现象怎与儿女情事有关呢？却硬要说人的厄运简直等同于苏轼。苏轼1079年因为"乌台诗案"，被捕入狱。出狱以后，苏轼被降职为黄州团练副使。1084年，苏轼奉诏赴汝州就任。由于长途跋涉，旅途劳顿，苏轼的幼儿不幸夭折，且路费已尽，苏轼上书朝廷，请求暂时不去汝州，先到常州居住，后被批准。1085年10月，苏轼复为朝奉郎知登州，即蓬莱。因未见海市，祷于海神庙，次日始见，邀天垂怜，10月底写《登州海市并序》，其中有诗句："人间所得容力取，世外无物谁为雄。率然有请不我拒，信我人厄非天穷。"钱锺书字面上说硬要说人的厄运简直等同于苏轼，这有过分之嫌，但实际上比苏轼还不如，因为苏轼还与妻子、孩子在一起。

钱锺书远离妻子、女儿而作客他乡之痛苦是无以言表的，只有月亮才懂得他的心。

注释：

[1] 钱锺书. 写在人生边上[M]. 北京：生活·读书·新知三联书店，2003：18.

[2] 蓝田：国立师范学院. 国师季刊，1939，8（4）.

[3] [4] [6] [7] [9] [10] 钱锺书. 槐聚诗存[M]. 北京：生活·读书·新知三联书店，2003：53，57，40，61，59，64.

[5] 钱锺书. 管锥编：第一册[M]. 北京：生活·读书·新知三联书店，2007：193.

[8] 杨绛. 我们仨[M]. 北京：生活·读书·新知三联书店，2003：105.

9. 除夕唱和

除夕，自古以来是中国人最盼望、最珍惜的一个全家欢聚团圆的日子，不一定要有屠苏酒，只要有"团栾儿女，尽情灯火照围炉"（宋朝李处全《水调歌头·除夕》），就是最大的幸福了。但是1939年除夕，对钱锺书来说，是一个与妻女远、于诗友近的日子。

这一年的除夕是公历1940年2月7日。1939年9月，纳粹德国军队向波兰不宣而战，引发法国、英国向纳粹德国宣战，标志着第二次世界大战在欧洲正式爆发。日本也改变了侵华方针，放弃速战速决战略，准备长期作战。1939年9月起，日本相继发动了对长沙、桂南和宜昌的作战。1939年10月第一次长沙战役以我方伤亡25833人、日军死伤13000人而结束，虽然日寇没有攻下长沙，但双方对峙的局面仍然严重。而国师所在地蓝田距离前线200公里左右，难民聚集，战争的阴影笼罩在人们的头上，悲观情绪四处蔓延。为了迎接新年，国师教务主任汪德耀写了一篇《新年感言》，这篇文章开头就感叹了一番当时的形势："爆竹声音听不到了，充耳的是敌人飞机大炮与机关枪的丑音；春联看不见了，触目的是经敌人蹂躏后的遍地疮痍；春酒郁香闻不着了，扑鼻的是敌人火药与血腥气息！如此新年，如此元旦，在神圣抗战的揭幕以来，已是第三次了！"然后指出教育在抗日战争中的特殊作用："在过去卅月中，我们教育界同人中却执着另一种新式武器——教育，在极端艰难的环境中，为延续本国文化的生命，为适合于抗战建国之需要，应较以前更有坚强

9. 除夕唱和

不拔的信心！我们要想发扬民族意识与精神，要想复兴民族，必须极其适当，极需慎重的运用此种教育武器。只要运用得适当，只要使它能在敌人摧残破坏的灰烬中，重新建起更灿烂光明之新中国！"文章的最后充满激情地呼吁："'以前种种，譬如昨日死。'值此新年开始，我诚恳的祈望全国青年们，尤其是我们师范学院的同学们，要将以前一切不合理时代的坏习惯，劣根性，统统铲除抛弃！从今以后，我们要健身强心，敦品砺学，每日从体德智各方面作有益的健全的活动；准备去做复兴民族的先锋队！""我们要向上，向上，永远向上！""大地春回，光明在望；民族解放后的自由幸福，正等着我们去争取！"[1]

如果说汪德耀是激情洋溢，那么钱基博写的一篇新年致辞《中华民国二十九年元旦致辞》则冷静得多，但同样充满了激情。他根据《易经》阴阳变化、盛衰转化的理论，提出"值岁序之更新，会景命之有仆"的观点，即新的一年里，天会降大命于你的肩上。什么大命呢？就是大家一心一德，励精图治，振兴民族，图强国家，打败日寇。"而后君子之景命有仆，民族之生命可赓！庚言赓也，续也……"并以"延年之美意"，祝愿国家和人民"祈天永命，尚知所做焉！"[2]

当时国师的师生相当一部分来自江苏、浙江、上海沦陷区，有的来自长沙战区，寒假或是有家不能归，或是无家可归。因此，学院便举行师生集体团聚。

这一天，钱锺书来到国师仅两个月零三天。刚刚穿越战火，辗转一个多月从上海来到国师的钱锺书，对"国破山河在，城春草木深"更有切身的感受，对"烽火连三月，家书抵万金"更是刻骨铭心。可能在集体团聚的时候，安排了一个即兴吟诗的节目。此时，钱锺书心里一定冒出了许多古人写除夕的诗来，如唐朝文学家崔涂的《除夜有怀》："迢递三巴路，羁危万里身。乱山残雪夜，孤烛异乡人。渐与骨肉远，转于僮仆亲。那堪正漂泊，明日岁华新。"于是，拿起早已摆好的纸笔，一挥而

057

就，写下了《除夕》（收入《槐聚诗存》时，便改为《己卯除夕》）一诗，诗曰：

> 别岁依依似别人，脱然临去忽情亲。
> 寸金那惜平时值，尺璧方知此夕珍。
> 欲藉昏灯延急景，已拚劫火了来春。
> 明朝故我还相认，愧对熙熙万态新。[3]

诗的意思是说，旧年离去就如与亲人离别一样，好似不经意的样子，实际上是依依不舍。与亲人相聚的日子虽然如寸金般珍贵，但平时哪里去珍惜了呢？此晚才知那样的日子比尺璧还珍重。今晚大家聚集在一起，想借助昏暗的灯火延长易逝的时光，大家谈论最多的是何时战争能停息，能回家团聚。但时局却不容乐观，来年战争结束是不可能的。明天是新春的第一天，但自己忧愁的心情仍会如旧年一样，没有一丝欣喜之情，只能愧对万象更新的新春了。

"同是天涯沦落人，相逢何必曾相识。"钱锺书的这首诗，一下子激起了大家的强烈共鸣，同是"独在异乡为异客"的境遇，当然有着同样"每逢佳节倍思亲"的情感，许多人都来和钱锺书这首诗。光刊发于《国师季刊》第6期的唱和诗就有钟泰、马宗霍、章慰高、仁甫、颖之、吴忠匡等人的作品（下面所引诗作均见《国师季刊》第6期[4]）。

徐燕谋的《和作》诗曰：

> 天涯我是未归人，土壁寒灯影亦亲。
> 节物愁边无可恋，光阴客里不须珍。
> 已输五白冯陵兴，恐负三湘浩荡春。
> 今夕只应蒙被卧，怕听箫管晓迎新。

9. 除夕唱和

徐燕谋的诗除了忧闷还带有愤激之情，漂泊天涯之人，对一切都不感兴趣了。"五白冯陵兴"，语出杜甫《今夕行》："冯凌大叫呼五白，袒跣不肯成枭卢。"五白，古时博戏的采名。五木之制，上黑下白。掷得五子皆黑，叫卢，最贵；其次五子皆白，叫白。《楚辞·招魂》："成枭而牟，呼五白些。"

吴忠匡（亚森）的《和作》诗曰：

仿佛临歧惜故人，难忘把臂过从亲。
眼前世事吾能说，别后韶光孰与珍。
留夜拼然千炬烛，求天缓放一年春。
伊谁解识东风恶，犹是家家庆岁新。

吴忠匡诗的前四句，主要抒发自己与钱锺书相识和别后的感情；后四句是说，除夕守夜，求天缓放一年春，是因为春天万物更新，更会惹起愁思。家家户户迎接新年，谁人懂得春天对漂泊者的伤害？

钟泰（钟山），江苏江宁人。时52岁，任国师国文系教授。其和作《元日用默存除夕韵》，诗曰：

我犹昔人非昔人，昔人今我孰为亲。
藏舟半夜知非固，败帚千金笑自珍。
余习尚留书作伴，衰颜宁借酒为春。
轻衫撩乱都无分，一任风光日日新。

钟泰的诗充满庄子般的超脱。藏舟，典出《庄子·大宗师》："夫藏舟于壑，藏山于泽，谓之固矣，然而夜半有力者负之而走，昧者不知也。"后用以比喻事物不断变化，不可固守。轻衫撩乱，语出北宋哲学家

059

邵雍《闲适吟》诗："谁将造化属东风,一属东风事莫穷。残腊也宜先作策,新正其那便要功。柳梢借暖浑摇软,梅萼偷春半露红。安得向时情意在,轻衫撩乱少年中。"钟泰是说自己年老了,不再有青春了,只能"一任风光日日新"。

马宗霍,湖南省衡阳县(今集兵镇)人。少受业于王湘绮,毕业于湖南南路师范学堂。19世纪20年代中拜章太炎为师,为其入室弟子。历任暨南大学、金陵女子大学、上海中国公学、中央大学等校教授。1939年下半年聘为国师国文系教授,43岁。其《和作》诗曰:

> 冉冉流光又趁人,一灯窈窕为谁亲。
> 已甘弃掷成孤注,无那飞腾敢自珍。
> 劫后河山犹大好,尊前消息孕微春。
> 伶俜忍坐参兴替,失喜禽言到耳新。

马宗霍和作的诗先顺着钱锺书的诗,感叹时光流逝,抒发这除夕的灯光下,一家亲人不能团聚的伤感。但是情绪要乐观一些,虽有日寇的侵略,但大好河山还在,春天的消息已经来临。我们忍着孤独坐在一起议论国家的兴亡,耳旁传来了鸟雀清新的鸣叫声。诗中充满着对未来的希望。

章慰高(伯寅),江苏吴县人。62岁。时任国师秘书处文书组主任兼国文系讲师。他的《和作》诗曰:

> 二万余朝一世人,每逢此节倍思亲。
> 祭诗聊作精神慰,卜镜空怀吉语珍。
> 照耗传灯销永夕,卖痴备酒待来春。
> 明知国破山河在,大地犹教岁序新。

9. 除夕唱和

章慰高年岁高一些，已经历了 2 万多个日子，对世情看得豁达一些，认为写诗祈求好运、祝愿的吉语也好，都不过是一种精神安慰罢了，虽然国破山河在，但是日子还得过下去。这不是消极，而是劝勉人不要悲观忧伤。我们点着灯守着长夜，喝着酒等待新春的到来，那又是一片万象更新的大地。他虽年老了，但精神不老。1939 年农历的正月初七，细雨霏霏，正是湖南天气最寒冷的时节，国师学生分为 12 个组由导师率领分别至国师附近的青烟、桐车湾、三甲、胡家坝、毛坪、小冲、滩头、文达湾等村进行抗战宣传。61 岁的章慰高老先生也"欣然加入，同学闻之鼓舞"[5]。

还有署名仁甫的《和作》诗曰：

风雪交侵久客人，天寒岁暮倍思亲。
情痴欲挽流光驻，游远才知爱日珍。
不寐聊为长夜饮，未归又负故园春。
他乡万事都萧瑟，只有吟笺落墨新。

还有署名颖之的《和作》诗曰：

底事新愁逐旧人，低徊但觉影形亲。
寂寥天地情为累，密迩关山梦亦珍。
暗数更筹伤永夜，漫劳诗酒误来春。
班生未必轻投笔，无那年华故故新。

这次除夕诗作唱和在国师空前绝后，将除夕守岁变成了一次诗作群英会，这种患难共存的真情多多少少消解了钱锺书心中的忧愁和寂寞。马宗霍大致与钱锺书一同到国师，通过除夕唱和，互相有了一定的了解。

其后，钱锺书与马宗霍继续唱和。

钱锺书用《除夕》的原韵，写了一首《宗霍先生少着惊才，比相见，乃云二十年不为诗。强之出数篇，以两宋之格调，用六朝之字法，此散原"真得力处"，俗人所不知也。用前韵奉赠一首》给马宗霍，诗曰：

> 达夫五十作诗人，况复才华子建亲。
> 严卫真看同好女，深藏端识有奇珍。
> 峰峦特起云生夏，纨縠文成水在春。
> 戴笠相逢忍轻负，互期掉臂出清新。

首联是说，唐朝高适（字达夫）50 岁才成为诗人，何况你的才华如"天下才有一石，曹子建独占八斗"的曹植（字子建）。钱锺书在"严卫真看同好女"一句自注："全谢山文说二，谓善为文者，卫之如处女，养之如婴儿。"颔联是说，你 20 年不写诗，就如清朝著名史学家、文学家全祖望说的，保护诗才如保护处女那样严厉，像抚养婴儿那样小心谨慎。颈联是赞美马宗霍的诗，如夏天从山峰上升起的云彩，像春天绿水荡漾的波纹。戴笠相逢，典出晋周处《风土记》："卿虽乘车我戴笠，后日相逢下车揖；我步行，君乘马，他日相逢君当下。"后以乘车戴笠，比喻不因为富贵而改变贫贱之交。尾联是说，今日我们成为忘年之交，今后不要因地位的改变而改变我们的交情，让我们互相奋起写出清新的诗篇。

马宗霍写了一首《次和默存见赠之作即以奉酬》，诗曰：

> 几见琼琚玉佩人，贪逢避地许能亲。
> 碎金掷句高难和，挥麈流谈屑共珍。
> 遗世膏肓（肓）天欲问，养甸宕澹气融春。
> 与君好厉擎鲸手，不作寻常暖娟新。

9. 除夕唱和

此诗首联的大意是说，多次看到钱锺书如琼琚玉佩的诗作，求避难而相逢于他乡，心应能互相亲近。颔联是说，钱锺书写出高难度掷地有声的美好诗篇，我们和唱难；钱锺书的潇洒谈论值得我们共同珍惜。颈联是说，如屈原问天一样，话题超脱尘世，又是常人涉及不到的地方；听了这样的谈论能开阔胸怀，飘逸淡泊，如春意融融。尾联是说，与您一起好磨砺如掣鲸鱼碧海中那样的才大气雄的才艺，不写一般娟细的诗。从此诗中可看出，马宗霍对年轻的钱锺书是非常佩服的，于是两人接着唱和下去，马宗霍又写了《立春叠前韵柬默存》一诗（1940年立春在除夕前两日，但题目中的"立春"指立春到雨水前这段时节。此诗是在除夕之后几天所写），诗曰：

> 据梧枝策竟何人，物论难齐道未亲。
> 稍觉成亏非我有，欲携襟抱向谁珍。
> 乘流壑去舟还在，振蛰风来地已春。
> 早晚青归觅试暖，破吟待子发娟新。

钱锺书又酬答了《叠前韵更答宗霍先生》一诗，诗曰：

> 名辈当时得几人，别裁风雅子能亲。
> 已同蜜酿千花熟，岂作楼妆七宝珍。
> 赠什小儿如获饼，温言寒谷欲回春。
> 谁云诗到苏黄尽，不识旌旗待一新。

两人由前面的互相客气地称赞对方，到此两诗，已是讨论诗道诗艺了。"钱锺书在《谈艺录》中讲到清朝学者章学诚提出的'六经皆史'命题时，认为此一命题的宗旨，实乃肇端于道家。在钱锺书之前，提出了同样的观点的，就是马宗霍。马著《中国经学史》完成于1936年，出版于1937年，开篇便说'六经先王之陈迹，此为庄生所述老子之言。陈迹者，史实也。后儒六经皆史之说，盖从是出。'他们二人在这个问题上观点一致，似乎还没引起学者们的注意。"[6] 从他们两人酬唱的诗作来看，应互相讨论过这个问题。也正因为如此，两人志同道合，才成为忘年之交。

在国难时，虽然与妻女远，于诗友近，但交得一群诗友也应是一种幸运，对深感孤独、愁苦的钱锺书来说，也是一种莫大的慰藉；同时，也是一种互相的探讨，学术上的共同长进。

注释：

[1] [2] 蓝田：国立师范学院. 国立师范学院旬刊，1940，1（4）.

[3] 钱锺书. 槐聚诗存 [M]. 北京：生活·读书·新知三联书店，2003：47.

[4] 蓝田：国立师范学院. 国师季刊，1940，2（6）：101-102.

[5] 蓝田：国立师范学院. 国师季刊，1939，3（2）：58.

[6] 李洪岩. 钱锺书与近代学人 [M]. 天津：百花文艺出版社，2007：102.

10. 散步聊天

杨绛《记钱锺书与〈围城〉》:"锺书小时候最乐的事是跟伯母回江阴的娘家去;伯父也同去(堂姊已出嫁)。他们往往一住一两个月。伯母家有个大庄园,锺书成天跟着庄客四处田野里闲逛。他常和我讲田野的景色。"[1]

当时,国师的周围都是田园,田园中随处隆起一座座仅几十米高的小山丘。山丘上树木茂密,环境幽静。升平河(在见过大江大河和大海的钱锺书的眼中,这仅是一条小溪)蜿蜒其间,流向东方,汇入涟水,流入湘江,从洞庭湖流进长江,向大海奔腾而去。国师学生德威《我们的发祥地——光明山》[2]一文里是这样描述站在国师二院的光明山上(在今涟源一中校园内)俯视四周的田园风光的:

> 山下,一片平畴绿野,辽阔的在你眼前展开。纵目远眺,小溪逝入林丛,远峰刺着蓝天。天,却在青峰的那边,浮耀着引诱你的眸子,心随眸子飞远了,"静",像温泉般浸化了整个的你,纵算你是个百分之百的俗物,这时也能一涉物我均忘、尘缘俱尽的妙境。晚春,盛行日光浴,一床毛巾毯,躺在那草皮地上,让阳光像母亲似地轻抚着你。钢琴室里,一缕缕低昂天半的铿锵的琴声,啊,那是天使的轻唤,她曾将你带入儿时的梦境。
>
> 涟水(按:应是升平河)从光明山的左后方绕到右前方,

065

像海伦的粉臂紧紧地拥抱她的恋人，清流轻快地通过浅滩、石坝、峡谷、深潭，流向那更远的地方。她有时安静得像处子，有时咆哮像怒狮。夏晨，莫嫌露水湿了衣裾，在她的旁边坐上十几分钟，听微澜的细语，看山花的默诉。月夜更好，一个人也罢，不一定要情侣，月光水银般的泻满溪上，铺在树梢，流遍心头，一天来从人世间惹得的烦恼忧虑，会给冲洗个干净。

钱锺书也爱在这田园中散步。他散步有两条路线。一条路线是从李园大门口出来，转到李园后面的牛角石（因矗立在田园中的一块石头像牛角而取名）往六亩塘方向去。这里有一口水面六亩大的山塘，山塘一头有溪水流进，另一头流出，故叫"六亩塘"。当时六亩塘附近驻扎着国民党73军15师，还有一座79伤兵医院、77师蓝田输运处。73军15师师长就是蓝田附近三甲乡的梁祗六，他曾率部参加常德会战、长衡会战、湘西会战，1948年任湖南省司令部中将参议，1949年8月在长沙参加湖南和平起义。1940年7月，梁祗六奉命进驻蓝田三甲乡一带，他命令全师官兵配合当地群众，从枫坪、石马山、洪水岭、尖山岭、田心坪一线，依山扼水挖筑战壕40余华里，依托家乡崇山峻岭之险，把日军阻击在防线之外，使家乡免遭日寇铁蹄的践踏。

这条路线，一般是钱锺书独自一人提着文明杖徜徉。1940年秋天的一个傍晚，也是73年15师进驻蓝田三甲乡一带时的一个傍晚，钱锺书便沿这条路线散步，写了《晚步》一诗。诗曰：

　　野塘水慢浮牛鼻，古道尘旋没马头。
　　亟待清风屠宿暑，便能白露沃新秋。
　　出门有碍将奚适，落日无涯尽是愁。
　　百计不如归去好，累人暝色倚高楼。[3]

10. 散步聊天

"野塘"二句，写初秋时节诗人傍晚散步所见国师附近田野景象。第一句既是写实，写六亩塘里水牛在泡澡，只剩下牛鼻露在水面上，呼呼喷气；也是虚写，把六亩塘与牛角石两景融为一体，虚化为一个神奇故事。第二句既是写实，写大道上战马奔腾，尘土飞扬，淹没了马头；实际上，也是虚写，蓝田有五马奔蓝田之说，说蓝田四周的山岭，如五匹骏马朝蓝田奔来，现在古道上尘土飞扬，看不清远处的山峰了。"亟待"二句，说急需清风吹散暑热，这样白露就能浇灌出一个清凉的秋天来。"出门"句，言出门有阻隔，又有什么闲适心情呢？这阻隔可能就是碰上那飞扬的尘土，更令诗人联想到暑假回上海而半路遇阻又返回蓝田的不愉快经历来，愁思又重上心头。"落日"句，钱锺书自注："徐仲车《淮之水》：'残阳欲落未落处，尽是人间今古愁。'""百计"句，化用宋朝王迈《再呈赵倅》诗句意："到底不如归去好，扶犁戴笠作村翁。""累人"句，化用李白《菩萨蛮》词句意："平林漠漠烟如织，寒山一带伤心碧。暝色入高楼，有人楼上愁。"

散步是为了散心，但这次散步却平添了愁心。其实，这样平添了愁心的散步，又何止这一次呢？在此诗之前，钱锺书写了一首《傍晚不适意行》。其诗曰：

> 渐收残照隐残峦，鸦点纷还羡羽翰。
> 暝色未昏微逗月，奔流不舍远闻湍。
> 两言而决无多赘，百忍相安亦大难。
> 犹有江南心上好，留春待我及归看。[4]

首联写夕阳西下，暮色隐没山峦；乌鸦纷纷归窠，叫我这个漂泊在异乡的人倍加羡慕。颔联写天没全黑下来，一轮弯月被招惹出来了，听远处河水奔流向东，心也随它东去。颈联言"去、留"的决定，看似只有简单的两个字的选择,但却是最难的选择,暂只能百般忍耐,才能相安无事。但思念妻子女儿的愁思是忍耐不住的,钱锺书在论宋玉《高唐赋》里说:"情差思役,瘑瘵以求,或悬理想,或构幻想,或结妄想,佥以道阻且长、欲往莫至为因缘义谛。哲人曰:'日进前而不御,遥闻声而相思'……'渺渺兮余怀望,美人兮天一方'。"[5] 尾联写在天一方的"美女",她们也在等着我归去欣赏江南春景。"犹有"句,化用唐朝词人韦庄《菩萨蛮·人人尽说江南好》诗意:"人人尽说江南好,游人只合江南老。春水碧于天,画船听雨眠。垆边人似月,皓腕凝霜雪。未老莫还乡,还乡须断肠。""留春"句,化用南宋张孝祥《蝶恋花·怀于湖》词句意:"绕院碧莲三百亩,留春伴我春应许。"这首诗的题目就明白地说是心情不舒畅,信步而行。结果,心情并没有舒畅起来,更添上了无限的羁旅之愁。

如果把这首诗与钱锺书 1934 年回故乡无锡写的《还乡杂诗》(其一)对照一下,感觉更是分明。诗曰:

> 昏黄落日恋孤城,嘈杂啼鸦乱市声。
> 乍别暂归情味似,一般如梦欠分明。[6]

这首诗同样写诗人在傍晚时散步,不过是在故乡散步。昏黄的落日是依恋着孤城不肯离去,市场嘈杂和乌鸦啼叫混合在一起,虽不悦耳,但听起来使人感到亲切、温馨;与故乡的乍别暂归,使人感到似真似幻,如梦般朦胧。一点也没有《傍晚不适意行》诗中的忧伤和愁苦。

钱锺书散步的另一条路线是,从李园大门出来向北走,路过金盆园,向东北方向走到升平河(今天则是从涟源市政府大门出来向北走,穿过涟源一中校园),来到河对岸百米左右处的德志园。这条路线钱锺书一般是携友同行。德志园是一栋中间一个大堂屋,堂屋两边各有 4 间住房

10. 散步聊天

（楼上楼下，则有8间，一位教师住里外两间），楼下部分是青砖砌墙、楼上部分是土砖砌墙的湖南典型的普通民居，户主为谭顺达。相对于李园和金盆园来说，德志园就是小巫见大巫，它仅是当时一个小地主家里的建筑。国师开办时，德志园刚建成，就被国师租赁来供教师居住。这里居住的大多是来自浙江、江苏、上海的教师，而这些教师大多都曾在私立光华大学任教过，如英文系的教授汪梧封，上海人，曾任私立光华大学英文系主任，就住在这里。这些教师与钱锺书的关系，不是朋友就是同人。当时，国师附近的村民为了方便国师的师生来往，便在河湾处架设了一座木板桥，后来这木板桥被洪水冲走，便改为渡船过河。冬天水涸的时候，则可以踩着河中的卵石过河。今天在当年架木板桥处修建了一座四车道的大桥。这过河的河湾处下端是国师的天然游泳池。七七事变以来，前方将士及后方民众，因不习游泳而作无谓牺牲者，不可胜数。最显著者，如南京被日军攻破、民众撤退时，发生民众投江惨剧，渝港航线欧亚机之遭袭没顶，仅一客以能游泳而生还。学院有鉴于此，利用升平河湾的自然条件，开辟了天然游泳场，借以作最有价值之身心训练。溪水宽约40米，深则1~4米，均为沙底，利用溪边岩石设有跳台一处。全院教师、男女学生均练习游泳。不知钱锺书是否在此游泳过。

但钱锺书常过河到德志园来，与居住在这里的国师教师们聊天。

吴忠匡在《记钱锺书先生》一文里说："蓝田时期，除了和极少数极熟习的同人有往还交际而外，锺书并无外事困扰，手头的时间是充裕的。晚饭以后，三五友好，往往聚拢到一处，听锺书纵谈上下古今，他才思敏捷，富有灵感，又具有非凡的记忆力和尖锐的幽默感，每到这一时刻，锺书总是显得容颜焕发，光彩照人，口若悬河，滔滔不竭。当他评论某一古今人物时，不但谈论他的正面，也往往涉及他们的种种荒唐事，譬如袁才子、龚定庵、魏默深、曾涤生、李越缦、王壬秋等，他能通过他们的遗闻轶事，表露得比他们的本来面目更为真实，更加真人相。'如老吏断狱，证据出入无方。'听锺书的清谈，这在当时当地是一种最大的享受，我们尽情地吞噬和分享他丰富的知识。我们都好像在听音乐，他的声音有一种色泽感。契诃夫说得对：'书是音符，谈话才是歌。'"[7]

这德志园曾留下过钱锺书的身影，留下过钱锺书的谈笑声，本应是珍贵的文化遗物。2006年6月上旬中央电视台中文国际频道《走遍中国》栏目在摄制专题片《说不尽的〈围城〉》时，曾在这里摄制了多个镜头。后来上海电视台摄制电视片《钱锺书》时也在这里拍摄了镜头。从2004年开始，我们多次以不同的方式向涟源市政府和娄底市委提建议、提议案，呼吁政府把它买下来，作为文物修缮保护下来。时任娄底市市委书记就我们的建议向涟源市政府作过批示，希望涟源市在市政建设中采纳我们的建议，但遗憾的是，德志园在三四年之前倒塌成一片废墟了。

注释：

[1] 钱锺书. 围城 [M]. 北京：生活·读书·新知三联书店，2007：392.

[2] 国立师范学院民三六级毕业纪念册. 湖南省档案馆档案全宗61. 目录1. 卷号213.

[3][4][6] 钱锺书. 槐聚诗存 [M]. 北京：生活·读书·新知三联书店，2003：56，50，1.

[5] 钱锺书. 全上古三代文：卷一〇 [M]. 钱锺书. 管锥编：第三册. 北京：生活·读书·新知三联书店，2007：1413.

[7] 田慧兰，等. 钱锺书杨绛研究资料 [M]. 北京：知识产权出版社，2010：67，69.

11. 夜坐遣愁

郑朝宗《但开风气不为先》一文中说钱锺书:"他天分高,记忆力强,已成为众所周知的事,但恐怕不大有人知道他是怎样勤苦用功的。前人有言:'以生知之资志困勉之学',意思是说最聪明的人偏要下最笨的工夫。我看这话用来形容钱锺书是最恰当不过的了。他名符其实,一辈子钟情于书,书是他的最大癖好,其余全要让路。在国外留学期间,为了博览不易看到的书籍,他竟日夜埋首图书馆的书丛里,孜孜不倦,终因用脑过度,归国后长期患头晕之症,每到晚间只能闭目静坐,什么事都不能做。"[1]在国师时,也是如此。1940年,钱锺书就"夜坐"这一题材写过多首诗,收到《槐聚诗存》里的就有5首,还不包括如《中秋夜作》《己卯除夕》《庚辰除夕》这些诗。夜坐,虽然什么事都不能做,但什么事都可以想。这时愁思是最容易占据心房的。请看其《夜坐》诗,诗曰:

> 吟风丛竹有清音,如诉昏灯掩抑心。
> 将欲梦谁今夜永,偏教囚我万山深。
> 迍飞不着诗徒作,镊白多方老渐侵。
> 便付酣眠容鼠啮,独醒自古最难任。[2]

这是写夜坐在李园住房里的情景。钱锺书住房的窗前有一丛竹,月夜竹影婆娑，黑夜则竹枝摇曳，阵阵清音，声声掩抑声声思，似诉灯下诗人心。夜长梦多，今夜将梦见谁呢？想梦见的当然是远方的妻子女儿，但即使梦见怎能如相见一样？心愿天天与妻子女儿在一起，但我却把自己"囚禁"在这偏僻的小山城里。头上已拔掉多根白发，年老的境况慢慢地到来了，生机勃勃之气也没有了，借诗消愁也没用。诗稿只能给鼠咬虫蛀去，众人皆睡我独醒，这孤独自古以来都是最难忍受的。在黑夜中端坐，面对黑暗，犹如面对渺茫的人生道路。请再看其《新岁见萤火》诗，诗曰：

孤城乱山攒，着春地太少。
春应不屑来，新正忽夏燠。
日落峰吐阴，暝色如合抱。
墨涅输此浓，月黑失其皎。
守玄行无烛，萤火出枯草。
孤明才一点，自照差可了。
端赖斯物微，光为天地保。
流辉坐人衣，飞熠升木杪。
从夜深处来，入夜深处杳。
嗟我百年间，譬冥行长道。
未知所税驾，却曲畏蹉倒。
辨径仗心光，明灭风萤悄。
二豪与螟蛉，物齐无大小。
上天视梦梦，前途问渺渺。
东山不出月，漫漫姑待晓。[3]

此诗可分为4层。第一层为前8句，写环境与气候。蓝田地处盆地，四周众山围攒。山城春来晚,让人能感受到春意的地方太少。但是正月刚来,天气一下子燠热起来,好像是春天不屑来,暑天直接来了一般。太阳落到山后了,夜幕慢慢地把天地合抱起来了。月亮没出来,夜色如墨。这为下面写萤火虫作了有力的铺垫。

第二层从"守玄行无烛"到"入夜深处杳"这10句,写萤火虫。行走没有烛火,只好守着黑夜;但见一只只萤火虫从枯草堆里飞出来,一星点儿一星点儿孤独的亮光,照亮自己却极可以了。只有这卑微的萤火虫发出的光,是为天地潜藏的。一会儿萤火虫落在人的衣服上,一会儿闪烁着飞升到树梢上。它们从黑夜的深处飞来,又飞到黑夜的深处去,杳然不见了。"'从夜深处来'四句,是说人生世间好比深夜的飞萤,生,是从不可知的大夜而来,死,则消失而仍归于大夜。"它脱胎于《英吉利教会史》(*The Ecclesiastical History of the English Nation*)第二卷十三章。这一章"有一节略云:'吾人生世间,为时极短,生前若死后,俱神秘莫可知。亦如冬夜中,风肆雪虐,吾人相聚欢饮,壁炉之火,炽然而燃,而于此际,偶有一雀,自门外飞入,逗留片刻,遂复由窗飞去。当彼在屋中时,受屋之庇,略无风雪之侵,然亦祇此一瞬,倏忽之顷,自暗夜而来之雀,又复归于暗夜中矣。人生世间,亦略如是,一弹指顷耳。生之前,死之后,俱如大夜,不可知也。'这一节文字,是英国文学史上的名篇,钱先生不会没读过"[4]。几年后,钱锺书在创作小说《围城》第一章时,萤火虫这个意象再现于脑海中,写方鸿渐黑夜在甲板上,看见"天空早起了黑云,漏出疏疏几颗星,风浪像饕餮吞吃的声音,白天的汪洋大海,这时候全消化在更广大的昏夜里。衬了这背景,一个人身心的搅动也缩小以至于无,只心里一团明天的希望,还未落入渺茫,在广漠澎湃的黑暗深处,一点萤火似的自照着"[5]。这与此诗的意境是一致的,萤火虫是微小希望的象征。

第三层从"嗟我百年间"到"前途问渺渺"这10句,写诗人对人生的感叹。感叹自己长长的一生,好像在黑夜中行走。不知道哪里是归宿,又畏惧在曲折的道路上跌倒。人生道路的辨认只能靠自己的心光,但它像风中的萤火虫或明或暗。以庄子《齐物论》的观点来看,伟大与渺小就像豪杰与螟蛉一样都是相等的。向上看天,天也懵懵懂懂,向它问前途,也是渺茫不知。

第四层为最后2句,以景语作结,照应开头。月亮还没从东山升起,那么姑且在漫漫长夜坐着,等待天亮吧。这,又是一个不眠之夜。

1940年暑假,钱锺书回上海,不料由于道路不通,半路又返回蓝田,这更添了他的愁思,更使他难眠。请读他的《山斋晚坐》一诗,诗曰:

> 粘日何人解炼胶,待灯简册暂时抛。
> 心无多地书难摄,夜蓄深怀世尽包。
> 一月掐天犹隐约,百虫浴露忽喧哳。
> 碍眉妨帽堪栖止,大愧玄居续解嘲。[6]

唐朝司空图《杂言》诗曰:"女娲只解补青天,不解煎胶粘日月。"钱锺书化用它,指希望光阴过得慢些。陆游《醉乡》诗也曰:"醉乡卜筑亦佳哉,但苦无情白发催。痴欲煎胶粘日月,狂思入海访蓬莱。"太阳没有粘住,天暗下来了,但还未到送电时刻(1940年5月,国师自建了发电厂),暂时把书本放到一边,端坐着看天黑之景。金代元好问《眼中》诗曰:"眼中时事益纷然,拥被寒窗夜不眠。骨肉他乡各异县,衣冠今日是何年。枯槐聚蚁无多地,秋水鸣蛙自一天……"此时钱锺书的境遇与此诗描绘的情景差不多。在处境困难时,心一旦放松下来,就难以静心读书了。此时,夜好像积蓄了思虑深远的怀抱,把世界包裹了。"一月"句,钱锺书自注:"《元诗选·乙集》元淮《金囡吟·端阳新月》:'遥看一痕月,掐破楚天青。'"天空中一弯新月,好像人的指甲掐破了青天;

11. 夜坐遣愁

各种各样的虫子一下子喧闹起来。最后两句直抒胸臆，言房檐能碰到帽子、户门可触到眼眉的低矮房子足够居住，怎么是为了追求居住高大的房子来到这里呢？如果是这样，那么面对不慕荣利曾作《玄居释》的西晋学者、文学家束皙就会感到非常惭愧。对人的误解，只好像西汉不愿趋附权贵而自甘淡泊却被人误解的扬雄那样写《解嘲》诗来自我解嘲。

愁思与烦恼困扰着钱锺书，他一夜难眠。让我们再来读他的《山斋不寐》诗，诗曰：

> 睡如酒债欠寻常，无计悲欢付两忘。
> 生灭心劳身漫息，住空世促夜偏长。
> 蛙喧请雨邀天听，虫泣知秋吊月亡。
> 且数檐牙残滴沥，引眠除恼得清凉。[7]

第1、2句，像酒徒常欠酒债一样，钱锺书是常欠睡眠账，原因是悲欢没有办法把它们忘掉。第3句，用清朝黄丕烈《士礼居藏书题跋记》之典："仲冬以来为亡儿营葬，为长女遣嫁，兼之度岁办粮，所入不偿所出。自朝至夕，虽身逸而心劳，几几乎坐卧不宁矣。"言人世间的忙忙碌碌，虽然让人身体安逸却心力交瘁。第4句，说世界变化快，但黑夜偏偏长久。"蛙喧"句，钱锺书自注："《易林·大过》之《升》《渐》之《同人》：'虾蟆群聚，从天请雨。'""虫泣"句，典出梁王僧孺《与何逊书》："迫以严秋杀气，万物多悲……况复露铺草色，风摇树影。寒虫夕叫，含轻重而同悲。"这两句是说青蛙喧闹，好像在向天求雨，昆虫啼鸣，好像在悲吊自己在月内即亡。用蛙叫虫鸣来衬托自己的难眠。真的下雨了，数着屋檐滴沥之声，以引人入睡，来消除烦恼，但得到的只是一夜清凉。

还有他的《山斋凉夜》，写他在夜坐时对时局的担忧，此诗在"伤时忧世"一章中详说。

如果把这些诗与钱锺书1934年回故乡无锡写的一组《还乡杂诗》对照一下，更显分明。其三曰：

> 浅梦深帷人未醒，街声呼彻睡惺忪。
> 高腔低韵天然籁，也当晨窗唤起听。[8]

钱锺书此时毕竟只有24岁，虽睡眠不深，但还不失眠，街声嘈杂也能睡意蒙眬，特别这是故乡的声音，嘈杂也是天然的音乐，权当作鸡鸣鸟叫声来听，带给人的不是烦闷而是亲切、温馨。

夜坐的钱锺书有挥之不去的离愁别绪，有世事的烦恼，有面对渺茫人生道路的迷惘，有一夜难眠的痛苦，有对时局的担忧……正如李白所说的"抽刀断水水更流，举杯消愁愁更愁"（《宣州谢朓楼饯别校书叔云》），钱锺书也是抛书养神忧更忧，夜坐遣愁愁更愁。

注释：

[1] 郑朝宗. 但开风气不为先[M]//郑朝宗. 海夫文存. 厦门：厦门大学出版社，1994：2.

[2][3][6][7][8] 钱锺书. 槐聚诗存[M]. 北京：生活·读书·新知三联书店，2003：48，49-50，53，53，1.

[4] 王培军. 钱锺书《也是集》的书名及其他[J]. 博览群书，2008，12（12）.

[5] 钱锺书. 围城[M]. 北京：生活·读书·新知三联书店，2007：16.

12. 伤时忧世

有人说:"由于种种原因,钱锺书始终游离于时代的旋涡之外,对那个时代最严峻最迫切的主题没能够予以深切的关注。"[1]如果以主流社会的主流意识审视钱锺书的关注点,他在蓝田时期所写作的诗文和撰写的学术著作都没有直接体现当时抗日大后方"抗日建国"这个"最严峻最迫切的主题",但是也"应该指出,钱先生虽然守身如玉,但也不是镇日家躺在象牙之塔里做梦的,他不会比别人少关心国事。实际上,他对国家民族感情之深远远超出一般人之上"[2]。

在蓝田,他忧战火短时不能熄灭。1940年除夕,钱锺书写了《己卯除夕》一诗,深感抗日战争不能短时结束。战争延长,国家灾难就更深广,人民的痛苦就更深重。此诗在《除夕唱和》一章里有详说,这里不多说了。

他忧战争会持续,灾难还会更大。1940年秋天到来了,天气凉起来了,钱锺书忧心更大了。他将此时的忧心写成《山斋凉夜》诗,诗曰:

孤萤隐竹淡收光,雨后宵凉气蕴霜。
细诉秋心虫语砌,冥传风态叶飘廊。
相看不厌无多月,且住为佳岂有乡。
如岳如瓜浑未识,数星飞落忽迷方。[3]

此诗仍像《新岁见萤火》那样，用萤火虫为意象，足见钱锺书对蓝田的萤火虫情有独钟。首联写一场秋雨后，天气转凉，只见一只孤单的萤火虫在竹林中飞来飞去，萤火时明时暗，最后隐藏不见了。颔联写秋叶飘转到走廊里，暗传秋的信息，昆虫在台阶处细细地叫，好像在倾诉愁思。与妻子两地相看而看不厌的圆月，今年又不多了，还是暂且住在这里好，哪里还有家呢？意谓诗人和妻子的家乡无锡已沦陷于日寇铁蹄之下，无家可归。还是在钱锺书和杨绛在英国伦敦时，"从报纸上得知家乡已被日军占领，接着从上海三姐处知道爸爸带了一家人逃难避居上海。我们迁居法国后，大姐姐来过几次信。我总觉得缺少了一个声音，妈妈怎么不说话了？过了年，大姐姐才告诉我：妈妈已于去年十一月间逃难时去世"[4]。"如缶"句，钱锺书自注："流星'如缶''如瓜'云云，见《后汉书·天文志》。"《后汉书·天文志》（上）："十二月己亥，大流星如缶……"《后汉书·天文志》（中）："四月丙辰，有流星大如瓜……"流星如缶如瓜，这是灾难的征兆。"元帝初元元年四月，客星大如瓜，色青白，在南斗第二星东可四尺，占曰：'为水饥。'其五月，勃海水大溢。六月，关东大饥，民多饿死，琅邪郡人相食。""四年闰月庚午，飞星大如缶，出西南，入斗下。占曰：'汉使匈奴。'明年，鸿嘉元年正月，匈奴单于雕陶莫皋死。五月甲午，遣中郎将杨兴使吊。"尾联是说，天上忽然流星掠过，流星很大，但全没看清，不知飞到哪里去了，迷失了去处。这是否是大灾难的征兆呢？这不是诗人迷信，而是1940年的形势令人担忧，不论是国内还是国际。国际上，德国法西斯节节胜利，5月17日德国占领比利时布鲁塞尔；6月14日，德军占领巴黎；6月17日，法国总理贝当向纳粹德国宣布投降；7月16日，希特勒发布"海狮计划"，不列颠空战开始。国内，日寇加紧侵略中国，5月12日，日军执行"101号作战协定"空袭重庆；夏季，日军发动了对晋西北抗日根据地的大"扫荡"，晋西北抗日根据地遭到严重破坏；7月26日，日本提出所谓"大东

12. 伤时忧世

亚共荣圈"构想。所以，钱锺书才有这样深重的忧虑。

他忧国民党政府偏安一隅，不积极抗战。国师"阅报室有全国各地区、各党派的报刊，最难得不但有《生活周刊》，后来是《生活月刊》；并且有重庆《新华日报》"[5]。有人发现钱基博在国师做的抗战剪报共计26本，保存在沈阳民间收藏家张广胜手中。从剪报编号来看，实际上原有30本。剪报日期为1940—1945年。剪报内容以报道第二次世界大战动向、分析战争走势的消息和评论为主，涵盖中国以及亚洲、欧洲和非洲的政治、经济、军事、文化以及宗教等各方面内容。它以专题的形式将这些内容集中在一起。[6]自然，钱锺书会经常去阅报室阅读这些报纸，或阅读钱基博这些剪报。1940年，钱锺书据此写了《读报》一诗。诗曰：

讵能求阙换偏安，一角重分马远山。
试忖肝肠禁几截，坐教唇齿失相关。
积尘成世逃终浼，补石完天问亦顽。
吟望少年头欲白，未应终老乱离间。[7]

诗的意思是说，堂堂大国政府怎能以守弱之道来换取偏安重庆？这就像南宋绘画大师马远的画一样，将主景置于一角，国民政府没有承担抗战的主责，致使国土被日寇侵占，彼此不相连了，前人一点一点地开辟的疆土，却遭到日寇的蹂躏玷污。看到这破碎的山河，怎不叫人肝肠寸断？屈原在《天问》中表现得多么坚定，想炼石头把缺失的天补完整；但今天的现实就如岳飞吟诗《满江红》、盼望收复中原那样："白了少年头，空悲切。"政府千万不要让百姓老死在国难之时！读了这首诗，谁说钱锺书是一个不问政治、超脱尘世的书呆子呢？在这首诗中，可看到他那颗忧国忧时之心如屈原，如岳飞，有时会发出"'骚'终未'离'而愁将焉避！"[8]的感慨。

079

他还忧官场黑暗。1941年,面对当时官场的腐败、黑暗,他写了《戏问》诗,诗曰:

斗酒蒲桃博一州,烂羊头胃亦通侯。
欲鱼何事临渊羡,食肉毋庸为国谋。
且办作官拚笑骂,会看取相报恩仇。
灞桥风雪驮诗物,戏问才堪令仆否?[9]

大敌当前、国家危亡时,应该是文官不爱钱,武官不怕死,人人舍己为国。但是现在政府却如古代一斗葡萄酒能换取一个知州官、卖羊杂碎的也能拜将封侯那样,滥授官爵。"斗酒"句,典出《三国志·魏志·明帝纪》:"新城太守孟达反,诏骠骑将军司马宣王讨之。"裴松注引《三辅决录》曰:"他(即孟达)又以蒲桃酒一斛遗(张)让,即拜凉州刺史。"北宋程俱《北山小集钞·哦诗夜坐瓶罍久空无以自劳寄吴兴赵司录江兵曹》:"相逢傥有蒲萄渌,肯向西凉博一州。""烂羊"句,典出《后汉书·刘玄传》,汉朝后期,宫廷内部腐败,外戚与宦官的斗争一直不断,两派为了拉拢自己的势力,对外滥授官职,所授的官职名目繁多,小商人、厨子等纷纷穿绣面官服。长安百姓怨声载道并编制歌谣:"灶上养,中郎将。烂羊胃,骑都尉。烂羊头,关内侯。"

这样,致使想做官的不需努力,就如想吃鱼的为什么要临渊羡鱼那样;而做官的却不必为国家出谋划策,安然尸位素餐,却不顾虑他人的笑骂;博取将相却只为酬私恩报私仇,不是为国家。"欲鱼"典出《战国策·齐策四》:齐人冯谖家贫,托食于孟尝君门下,"左右以君贱之也,食以草具。居有顷,倚柱弹其剑,歌曰:'长铗归来乎,食无鱼!'"此用来比喻想做官的。"临渊羡",比喻动手去干。化用《汉书·董仲舒传》文句:"古人有言:'临渊羡鱼,不如退而结网。'""食肉"句,典出《左

12. 伤时忧世

传·曹刿论战》："其乡人曰：'肉食者谋之，又何间焉？'刿曰：'肉食者鄙，未能远谋。'遂入见。""且办"句，典出《宋史·邓绾传》：北宋时期，王安石推行新法，邓绾想巴结王安石就上书宋神宗赵顼，露骨地吹捧王安石等人像伊尹、吕尚一样，推行青苗法、免役法深得人心，"极其佞谀"。王安石将他推荐给宋神宗，"帝问安石及吕惠卿，以不识对。帝曰：'安石，今之古人；惠卿，贤人也。'退见安石，欣然如素交。宰相陈升之、冯京以绾练边事，属安石致斋，复使知宁州。绾闻之不乐……明日，果除集贤校理、检正中书孔目房。乡人在都者皆笑且骂，绾曰：'笑骂从汝，好官须我为之。'"邓绾是当时士大夫羞与为伍的丑类。办，致力。抃，不顾惜。"会看"句，钱锺书自注："昌黎《刘生》诗：'往取将相报恩仇。'"此前两句："车轻御良马力优，咄哉识路行勿休。"

最后，诗人笑问唐朝风雪中灞桥上驮着寻诗觅句的李贺的那头距驉，它的才华可做尚书令还是仆射这样的大官呢？"灞桥"句，典出李商隐《李贺小传》："（李贺）恒从小奚奴，骑距驉，背一古破锦囊，遇有所得，即书投囊中……"但有人把距驉（一种青色小马）误为距驴。唐五代孙光宪《北梦琐言》（卷七）："相郑棨善诗……或曰：'相国近有新诗否？'对曰：'诗思在灞桥风雪中驴子上，此处何以得之？'"灞桥风雪：为古代"长安八景"之一。古代长安人常灞桥折柳送别亲朋，故灞桥、折柳成为乡思与离愁的代名词。驮诗物：原指写诗的题材，此借代距驉。"令仆"，指尚书令与仆射。亦泛指股肱重臣，此做动词，即担任令仆。《晋书·殷浩传》："浩有德有言，向使作令仆，足以仪刑百揆，朝廷用违其才耳。"

在这首诗中，诗人借古讽今，嬉笑怒骂皆成文章，辛辣地讽刺了当时买官卖官、做官不为国谋而只谋私利等社会丑恶现象。谁说钱锺书是一个不食人间烟火的山中居士？

当然，钱锺书这种伤时忧世的情感并非在蓝田时有，1936年他写有一首《新岁感怀，适闻故都寇氛》，诗曰：

081

海国新年雾雨凄，茫茫愁绝失端倪。

直须今昨分生死，自有悲欢异笑啼。

无恙别来春似旧，其亡归去梦都迷。

萦青积翠西山道，与汝何时得共携？[10]

1935年10月22日，日本在河北香河指使汉奸暴动，占据县城。11月7日，策动宋哲元等进行"华北五省自治运动"。11月25日，策动殷汝耕等汉奸在通州成立"冀东防共自治政府"，宣布脱离南京国民政府。12月18日，南京国民政府不顾全国人民的反对，反而指派宋哲元等成立"冀察政务委员会"，由宋哲元任会长，以适应日本关于"华北政权特殊化"的要求。这在历史上称为"华北事变"。"华北事变"后，日本大力进行以征服中国和称霸亚洲为主要目标的扩军备战，加速了发动全面侵华战争的步伐。这些应是题目中所指的"故都寇氛"。此时，钱锺书与杨绛在英国伦敦，钱锺书在牛津大学学习。首联写在雨雾凄凉的伦敦迎来新年，得知"故都寇氛"，茫茫忧愁使心绪百般不宁。颔联写自从日寇占领故都之后，一定会是生死两重天，人们的悲欢、笑啼都将不同。颈联写与故都离别后，春天还会是原来的春天，但是如果做梦回去也认不出故都了。尾联写何时携杨绛你一道再到萦青积翠的北京西山路上游览？

1938年，钱锺书写了《哀望》一诗，诗曰：

白骨堆山满白城，败亡鬼哭亦吞声。

熟知重死胜轻死，纵卜他生惜此生。

身即化灰尚贵恨，天为积气本无情。

艾芝玉石归同尽，哀望江南赋不成。[11]

白城，指南京。旧时南京别称白下，因沿江旧有白石陂，晋朝陶侃于此筑白石垒。1937年12月13日，日寇攻陷南京，在南京城区及郊区

12. 伤时忧世

对中国平民和战俘进行了长达6周的大规模屠杀、抢掠、强奸，30万以上中国平民和战俘被日军杀害，南京城的1/3被日军纵火烧毁。日军制造了惨绝人寰的"南京大屠杀"。钱锺书听此消息，悲愤地写下这首诗。首联写南京白骨堆满城，鬼魂哭泣，活人悲咽无声。颔联言十分清楚地知道珍惜生命胜过为了贪欲而不惧怕死亡，即使预料有来生，也会珍惜此生，而30万祖国人民却无端惨遭杀戮。颈联言即使死了化为灰，还是会怀抱怨恨，老天本是无感情的，但也为这些惨死的人布满了乌云。尾联言不论贵贱贤愚的人都同时被杀死；自己想写一篇像北周时期庾信的《哀江南赋》以致悲愤之意，但也悲痛得写不出。

联系这两首诗，我们可以看出钱锺书"位卑未敢忘忧国"（陆游《病起书怀》），时刻在关注着国家大事、民族命运，并且其忧国之情是一贯的、强烈的；面对国难，是"长太息以掩涕兮，哀民生之多艰"（屈原《离骚》）。

注释：

[1] 舒建华. 论钱锺书的文学创作 [J]. 文学评论，1997，6（6）.

[2] 郑朝宗. 但开风气不为先 [M]//郑朝宗. 海夫文存. 厦门：厦门大学出版社，1994：3.

[3][7][9][10][11] 钱锺书. 槐聚诗存 [M]. 北京：生活·读书·新知三联书店，2003：56，51，69，10，22.

[4] 杨绛. 我们仨 [M]. 北京：生活·读书·新知三联书店，2003：93.

[5] 桂多荪. "国师"初建时期的点滴回忆 [M]//邱超文.《围城》之城. 北京：中国文史出版社，2007：122.

[6] 崔俊国，高爽. 钱基博的抗战剪报首次被发现 [N]. 辽宁日报，2018-02-28（12）.

[8] 钱锺书. 管锥编：第二册 [M]. 北京：生活·读书·新知三联书店，2007：893.

13. 散文丰收

蓝田期间,是钱锺书散文的丰收期。1941年6月出版的《写在人生边上》,收集了10篇散文。据美国纽约大学历史学博士汤晏考证,其中的《窗》《论快乐》《吃饭》《读〈伊索寓言〉》《谈教训》5篇散文,是钱锺书在国师任教期间所创作的[1],占了散文集的一半。这些散文,以作者独特的自我情感体验和观察理解为基础,借助常见的物(如窗子)或事(如论快乐、吃饭),以小见大,铺陈譬喻,妙趣横生,直指心灵,于诙谐中表现出他对庸俗、堕落、虚伪的鄙视与尖刻嘲讽;或从新的角度、用新的眼光去观察事物,思考问题,体会出不一样的情感,得出不一般的认识。

而《写在人生边上》一书的序却写于1939年2月18日钱锺书在昆明任教时。《写在人生边上》序[2]曰:

> 人生据说是一部大书。
>
> 假使人生真是这样,那末,我们一大半作者只能算是书评家,具有书评家的本领,无须看得几页书,议论早已发了一大堆,书评一篇写完缴卷。
>
> 但是,世界上还有一种人。他们觉得看书的目的,并不是为了写批评或介绍。他们有一种业余消遣者的随便和从容,他们不慌不忙地浏览。每到有什么意见,他们随手在书边的空白

上注几个字，写一个问号或感叹号，像中国旧书上的眉批，外国书里的 Marginalia。这种零星随感并非他们对于整部书的结论。因为是随时批识，先后也许彼此矛盾，说话过火。他们也懒得去理会，反正是消遣，不像书评家负有指导读者、教训作者的重大使命。谁有能力和耐心作那些事呢？

假使人生是一部大书，一时不易看完，那末，下面的几篇散文只能算是写在人生边上的。这本书真大！一时不易看完，就是写过的边上也还留下好多空白。

《写在人生边上》序中的观点，也统率了《窗》《论快乐》《吃饭》《读〈伊索寓言〉》《谈教训》这5篇散文；也就是说，这5篇散文的创作同样是钱锺书在蓝田期间对这段人生的从容浏览而随便写下的批识。不然的话，钱锺书不会拿一篇过时的序来用。

另外，钱锺书在1933年10月发表于《国风》第3卷第8期和第11期上的《中国文学小史序论》里说："感遇发为文章，才力定其造诣，文章之造作，系乎感遇也……"[3]那么，这5篇散文也是钱锺书在蓝田生活中所感遇而成的。

还有，当时钱锺书在国师英文系开设了"英语散文"课程，在教授过程中是常有灵感的激发和创作的冲动的。

当然，以上只是推论，推论是否成立，还必须有事实做根据。

从前面《凭窗李园》一章中，我们可得出这么一个结论：《窗》，应是钱锺书在李园凭窗获得的灵感而创作的。

国师的院刊《国师季刊》上常发表学生的习作，如第2期（1939年3月出版）、第3期（1939年6月出版）上分别刊登了雷柏龄的《除夕之宴》、颜克述和周化行的同题文章《论分食合食》、石声淮的《非乐》、李家骥的《论君子儒与小人儒之所以异》、唐炳昌的《知耻乎勇说》、雷柏龄的《论好恶》、钟兴悌的《识时趋时辨》、张继志的《说纸鸢》、张斌和唐炳昌的同题文章《晨读与夜读》，等等。

钱锺书来到国师，定会翻阅已出版的各期院刊，看到这些学生的习作。这些习作都是短文，都是从平时生活和学习中习见的问题或物说起，阐述自己的见解和认识，有的是从中国古人的事理出发进行辩难或引申。如当时的国师学生就餐是8人一桌，有人提出为了讲究卫生要分食，有人说合食则食量大者与食量小者可调剂饭菜分量。于是颜克述和周化行各写了《论分食合食》一文，各从儒家学说和辩证法的理论上申述了自己的看法。雷柏龄的《除夕之宴》则是写国师1938年除夕之夜，师生共同进餐，文章写道："是夕，院中华灯既明，号角声起，宴时已至，师生入座秩然，互祝毕，院长持杯肃立而相告曰：'国家凌夷，吾辈犹克享此宴乐者，浴血苦斗诸将士之赐也；弗敢忘，曷先尽一杯，以遥祝抗战必胜。'众皆应曰：'诺！'既而，师生交相劝酬，欢笑杂作；肴不丰而味滋，酒虽节而香浓，融融之情，洋溢座间，使人几忘此身之在客中矣！少酣，有离座起而歌者，作行军之曲，激昂慷慨，令人懦气全消，而神为之鼓舞；有大声疾呼者，剀切陈辞，以勖毋忘国难，又令人兴任重道远之思，而深自警惕。所谓处安乐而不忘忧患者，是宴有之矣！"这除夕宴成了一堂政治思想活动课了。遵照当时教育部颁布的《中等以上学校导师制纲要》，国师实行导师制，以系主任兼训导师为原则，以收教导合一的效果。一个导师要负责5~15名学生的思想行为的教导和督促。国师开办时，这导师制度定得非常严格，第一次院务会议就确定了师生共同生活的原则，规定了导师必须随时随地加入学生的生活。比如，关于师生膳食的规定是"用膳采用合食制，每桌8人，其席次以抽签定之，每月一更换。每日三餐，一粥二饭，全体在食堂用。开餐前，学生排队入食堂坐定，待院长率教职员入座，军事教官发令，同时开动"[4]。这样的用餐规定对学生亲近老师、老师督导学生而言无可厚非，但需要老师作出的牺牲是显而易见的。后来，这制度有所松动，规定每个月导师要与学生同桌吃饭一次。钱锺书是导师，对师生同桌吃饭是有切身体验的，同时会引发对"吃饭"作广泛而深入的思索，行笔成文，就成了散文《吃饭》。

所以《吃饭》一文，开头就说："吃饭有时很像结婚，名义上最主要的东西，其实往往是附属品。"这就是对国师吃饭这段人生经历的感悟。

再如石声淮的《非乐》里说："昔墨子有非乐之篇，以为乐之无补于治也。而吾则以声音之道与政通。乐岂无补于治：而今日之乐，则诚有害于治。"这里的"乐"是指以礼乐治国的"乐"，但该文接着说："世之论乐者，每谓音乐悦性怡情之为娱乐，可以侑觞助茗；于是乐谱拟乎消闲之书，管弦侪乎蒲樗之具，抑亦异乎所闻已！……"张斌的《晨读与夜读》说："古人之读也，挑灯者有之；凿壁者有之；映雪而读者有之；读而刺股者亦有之。小子不敏，虽知仰慕，何敢妄此昔贤，以遗笑大方。然读书之乐，亦有一二可述焉。夫晨兴而起，读则心旷神怡，书味津津，此乐之共有者也。夫乐之尤者，不止此……"这两篇习作都围绕"乐"这个话题，前一篇是对墨子的观点进行辩难，后一篇从古人夜读说到晨读之乐。

而钱锺书的《论快乐》则是从外国说到中国："在旧书铺里买回来维尼（Vigny）的《诗人日记》（*Journal d'un poète*），信手翻开，就看见有趣的一条。他说，在法语里，喜乐（bonheur）一个名词是'好'和'钟点'两字拼成，可见好事多磨，只是个把钟头的玩意儿（Si le bonheur n'était qu'une bonne demie!）。我们联想到我们本国话的说法，也同样的意味深永，譬如快活或快乐的快字，就把人生一切乐事的飘瞥难留，极清楚地指示出来。所以我们又慨叹说：'欢娱嫌夜短！'"阐述后，再进一步论述"'永远快乐'这句话，不但渺茫得不能实现，并且荒谬得不能成立"，以及"快乐由精神来决定"的观点。全文中外打通，古今打通，旁征博引，层层深入，语言妙趣横生，洋洋洒洒一大篇，水平自然不是学生习作可比的。但说的都是"乐"这个话题。

同时，国师在战争这艰苦的岁月里，为了活跃学院气氛，提振师生的精气神，并融洽师生感情，常在节假日举行师生同乐会。

《论快乐》的最后三个自然段深刻阐述了决定快乐的根本原因是精神，并举生活中常见的事例来分析，"洗一个澡，看一朵花，吃一顿饭，假使你觉得快活，并非全因为澡洗得干净，花开得好，或者菜合你的口味，主要因为你心上没有挂碍，轻松的灵魂可以专注肉体的感觉，来欣赏，来审定。要是你精神不痛快，像将离别时的筵席，随它怎样烹调得好，吃来只是土气息、泥滋味"。并接着阐述：

> 发现了快乐由精神来决定，人类文化又进一步。发现这个道理，和发现是非善恶取决于公理而不取决于暴力，一样重要。公理发现以后，从此世界上没有可被武力完全屈服的人。发现了精神是一切快乐的根据，从此痛苦失掉它们的可怕，肉体减少了专制。精神的炼金术能使肉体痛苦都变成快乐的资料。于是，烧了房子，有庆贺的人；一箪食，一瓢饮，有不改其乐的人；千灾百毒，有谈笑自若的人。所以我们前面说，人生虽不快乐，而仍能乐观。

这些阐述不是对张斌的《晨读与夜读》所谈"乐"的理性升华吗？

国师充分利用集会讲演，熏陶学生的思想情操。每周一举行的总理（孙中山）纪念周会、每月举行的国民月会、每学期开始和结束时举行的始业式和结业式、学生的毕业典礼等都会有学院领导和教授作主题讲演。钱锺书刚来国师不久的1940年1月8日第35次总理纪念周，就请钱锺书讲演。大概就是《谈教训》一文中说"我常奇怪，天下何以有这许多人，自告奋勇来做人类的义务导师，天天发表文章，教训人类"感慨的来源。作主题演讲的人不一定个个都是道德高尚的人，"在那所学院里，一些当上了教授的和想望当教授而俨然以教授自居的，在同伙和学生面前，每好装模作样地表现自己，或是想隐藏起一些东西来吧，显得十分可笑。锺书对这些来自三家村学究式的种种自欺欺人的生活态度，自然看不惯，使他生气，感到厌恶"[5]。所以，《谈教训》里说"有导师而人性不改善，并不足奇；人性并不能改良而还有人来负训导的责任，那倒是极耐寻味的"。"头脑简单的人也许要说，自己没有道德而教训他人，那是假道学。"钱锺书接着分析说：

> 我们的回答是：假道学有什么不好呢？假道学比真道学更为难能可贵。自己有了道德而来教训他人，那有什么稀奇；没有道德而也能以道德教人，这才见得本领。有学问能教书，不过见得有学问；没有学问而偏能教书，好比无本钱的生意，那就是艺术了。真道学家来提倡道德，只像店家替自己存货登广告，不免自我标榜；绝无道德的人来讲道学，方见得大公无我，乐道人善，愈证明道德的伟大。

这是一种反讽，其辛辣劲儿比直接批判更大。

至于《读〈伊索寓言〉》，钱锺书在文中说得非常明白："这些感想是偶尔翻看《伊索寓言》引起的。"毫无疑问，这是在国师任教时"偶尔翻看《伊索寓言》"，从蝙蝠的故事联想到社会上那些"向武人卖弄风雅，向文人装作英雄；在上流社会里他是又穷又硬的平民，到了平民中间，他又是屈尊下顾的文化份子"；从蚂蚁和促织的故事，联想到"生前养不活自己的大作家，到了死后偏有一大批人靠他生活"；从狗和他自己影子的故事，联想到"能自知的人根本不用照镜子，不自知的东西，照了镜子也没有用";从天文家的故事,联想到"只向高处看,不顾脚下的结果,有时是下井,有时是下野或下台";从乌鸦的故事,联想到人类的"遮羞的方法";从牛跟蛙的故事,联想到"我们每一种缺陷都有补偿,吝啬说是经济,愚蠢说是诚实,卑鄙说是灵活,无才便说是德";从老婆子和母鸡的故事,联想到"大胖子往往是小心眼";从狐狸和葡萄的故事,联想到有人以"葡萄酸"作为理想无法实现的借口,或以诉苦经来避免旁人来分享甜头;从驴子跟狼的故事,联想到有些恶人想害人却反被人害。认为《伊索寓言》"要不得,因为它把纯朴的小孩子教得愈简单了,愈幼稚了,以为人事里是非的分别、善恶的果报,也像在禽兽中间一样的公平清楚,长大了就处处碰壁上当"。从而得出《伊索寓言》"不宜做现代儿童读物"的结论。

到此,我们可以这样说,钱锺书写于蓝田的那5篇散文的创作灵感是被蓝田这新环境和国师生活所激发的;换而言之,是蓝田这段生活,为这时期钱锺书散文创作提供了沃土,激发了灵感,获得了又一次丰收。

注释:

[1] 汤晏. 一代才子钱锺书 [M]. 上海:上海人民出版社,2006:203.

[2] 钱锺书. 钱锺书集·写在人生边上 [M]. 北京:生活·读书·新知三联书店,2003:7.

[3] 钱锺书. 钱锺书集·写在人生边上的边上 [M]. 北京:生活·读书·新知三联书店,2003:100.

[4] 任诚. 训导概况 [J]. 国师季刊,1939,1 (1):33.

[5] 吴忠匡. 记钱锺书先生 [M] // 田慧兰,等. 钱锺书杨绛研究资料. 北京:知识产权出版社,2010:69.

14. 写《谈艺录》

钱锺书在蓝田侍奉父亲钱基博时，写信向杨绛诉说心中的委屈说，父亲总责怪他不能"养志"。杨绛说钱锺书不是不能"养志"，而是其"志"与父亲的要求不同，"钱锺书从小立志贡献一生做学问"[1]。钱锺书也曾说过："我有兴趣的是具体的文艺鉴赏和评判。"[2]

"钱锺书早在青年时期就已立下志愿，要把文艺批评上升到科学的地位。他深感古今中外这方面的名家都只是凭主观创立学说，在一个时期里可以惊动一世，过了些日子，则又如秋后的蚊蝇，凉风一扫，不见踪迹！其中有站得住脚的，也只剩下片言只语可供参考，整个体系算是垮了。等而下之，还有一种批评家，头脑冬烘，眼光如豆，谈创作几同痴人说梦，难免扣槃扪烛之讥，甚至专拣牛溲马勃，拼凑成书。"[3]

曾有一位好心的同学劝钱锺书"写一本文学概论之类的书，结果遭到了拒绝。他说过：那种书'好多是陈言加空话'，即使写得较好的也'经不起历史的推排消蚀'，只有'一些个别见解还为后世所采取而流传'。因此他要结结实实地下苦功，不说一句陈言和空话，而每一点滴的收获都是自己才智的结晶，可以传之久远的"[4]。

于是，钱锺书"独辟蹊径，不尚空谈，不作高论，而把主要精力用在研读具体作品，试图从其中概括出攻不破、推不倒的艺术规律。他也注意古今中外一切文艺理论，吸取其中值得吸取的东西，但他严格遵守的却是批判的原则。他不迷信任何人，更不昏着头脑去赶时髦，赶时髦是他所最鄙视的浅薄行径。他既致力于探索艺术规律，自然要广泛阅读文艺作品，不能满足于习闻惯见、家喻户晓的那几种，这就是他爱繁征博引的真正原因。有些人讥笑他矜奇炫博，专以征引冷僻书吓人，他早已作了回答：'《南华》《北史》书非僻，辛苦亭林自作笺'。什么'冷僻书'，只是少见多怪罢了！他不抹杀文艺的国界，但又深信东海西海心理攸同，文艺和自然科学一样也有放之四海而皆准的普遍规律，普天下的诗心、文心是可以一致的。这个主意倒不是他首创的，西方学者早有此意，但要给文艺订立普遍规律他们却无此本领，因为他们对东方特别是中国文艺所知有限，又每带着严重的偏见，所以容易开口便错。我国老一辈的硕学鸿儒对西方文艺也是十分陌生，因而也挑不起这个重担。环顾全球，目前最有资格从事文艺批评科学化工作的人，钱锺书应该是其中之一，而他在这方面已经奋斗几十年了。作为文艺批评家，他不汲汲于建立理论体系，而专从实际出发，观察和分析具体的文艺现象，用他自己的话来说：'我有兴趣的是具体的文艺鉴赏和评判。'在作鉴赏和评判的同时，他大量征引中外文学作品中性质相同的例子，以资说明。就这样，一片散沙似的偶然发生的文艺现象，经过精心的探索，却被归纳成为一条条铜打铁造的艺术规律了"。

"一切不存偏见的人应该承认，这样的治学方法无论如何要比从概念出发的专事空谈更坚实牢靠，更合乎科学。这条路子的第一个成果就是《谈艺录》。在此书的序言中，钱先生明白宣告：'凡所考论，颇采二西之书，以供三隅之反。盖取资异国，岂徒色乐器用？流布四方，可征色泽芳臭。故李斯上书，有逐客之谏；郑君序谱，曰"旁行以观"。东海西海，心理攸同；南学北学，道术未裂。虽宣尼书不过拔提河，每同《七音略》序所慨；而西来意即名"东土法"，堪譬《借根方说》之言。非作调人，稍通骑驿。'那时，谈艺之书可进入科学著作之林的信念，已深深地铭刻在他的脑海中了。"[5]

14. 写《谈艺录》

钱锺书在国师期间，国师的学生不算多，教学任务不算重；图书馆的图书又丰富，像《四部丛刊》《四部备要》《四库全书珍本》《丛书集成》《古今图书集成》，以及明清名家诗集刻本，这里都齐全。并且国师办学主张"三个第一"，即"学术第一，体育第一，服务第一"，教师与学生皆学术研究空气深厚。钱基博在蓝田时，坚辞一切宴请，潜心教学和撰文、著书。这些给钱锺书研究学术提供了一定的条件，也给他以激励。于是，他在蓝田开始了《谈艺录》的写作。

吴忠匡《记钱锺书先生》里回忆说："《谈艺录》也是在这一时期草创的，用的是小镇上所能买到的极为粗糙的直行本毛边纸。他每晚写一章，二三天以后又修补，夹缝中，天地上，填写补缀得密密麻麻。他每完成一章，就交我阅读，陶潜、李长吉、梅圣俞、杨万里、陈简斋、蒋士铨等章节是最先写出的，我都有过录本。1941年，在他临离去蓝田前，奋力清了一遍稿，誊录了一本，就在原稿本上，大笔一挥'付忠匡藏之'五个大字，把它赠遗给了我。"[6]

中国诗话里程碑作品《谈艺录》的创作，国师阶段已完成了一半。诚如他在《谈艺录》序言所说："《谈艺录》一卷，虽赏析之作，而实忧患之书也。始属稿湘西，甫就其半。养疴返沪，行箧以随。……"[7]在《谈艺录》小序中说明了写作《谈艺录》的起因："余雅喜谈艺，与并世才彦之有同好者，稍得上下其议论。二十八年夏，自滇归沪渎小住。友人冒景璠，吾党言诗有癖者也，督余撰诗话。曰：'咳唾随风抛掷可惜也。'余颇技痒。因思年来论诗文专篇，既多刊布，将汇成一集。即以诗话为外篇，与之表里经纬也可。比来湘西穷山中，悄焉寡侣，殊多暇日。兴会之来，辄写数则自遣，不复诠次。"在解释为什么取名《谈艺录》，而不像"昔人论文说诗之作，多冠以斋室之美名，以志撰述之得地。赏奇乐志，两美能并"时，说："余身丁劫乱，赋命不辰。国破堪依，家亡靡托。迷方著处，赁屋以居。先人敝庐，故家乔木，皆如意园神楼，望而莫接。少陵所谓：'我生无根蒂，配尔亦茫茫'，每为感怆。"因明朝徐祯卿沉沦下僚，著有《谈艺录》，于是"因迳攘徐祯卿书名，不加标别。非不加也，无可加者"。然后进一步阐释了援用徐祯卿《谈艺录》书名来做自己著作的书名的原因是："亦以见化鹤空归，瞻乌爰止，兰真无土，桂不留人。立锥之地，盖头之茅，皆非吾有。知者识言外有哀江南在，而非自比'昭代婵娟子'也。"[8]即用《谈艺录》这书名来表现世事变化、物是人非、国土沦丧、百姓成为乱世无所归依之民等现实；表达淮南小山曾有咏桂的辞赋留于后人，但今日中华文化恐不能流传后人的担忧。就自己而言，故乡无锡已被日寇占领，无家可归。现在于上海租房而居，站立的地方、住的地方都不属我们所有，更无心思在书名上加书斋名来卖弄。智者会认为我这部《谈艺录》中蕴含着庾信《哀江南赋》那样的悲慨之意，而不是把自己比作绝代的"美女佳人"。

当时，日本帝国主义对中国的入侵不只是军事侵略，还包括经济侵略和文化侵略。为了消除中国人民的民族意识和固有文化，日本侵略者一方面在占领区进行奴化教育；另一方面采取各种手段破坏教育文化机关，特别是对高等院校进行疯狂破坏，高等教育遭到了毁灭性的摧残。抗日战争前，我国有专科以上学校108所，大多分布在东南沿海沿江地区。而到1938年8月底止，据《抗战中的中国文化教育》载，"此108校中受敌破坏者，共计91校，其中全部受敌破坏者计10校"。文化侵略的最终目的是要消灭中国文化，接受日本文化。所以，钱锺书忧虑中华民族的传统文化会遭受摧残，甚至担忧被消亡。于是，他写《谈艺录》为的就是研究和保存中国传统诗论文化，并使之发扬光大。其发愤著书之志，就是忧时爱国之情。这种忧患意识和爱国情怀，正体现了中国知识分子的优良品格。他有个妙喻，说对祖国的怀念留在情感和灵魂里，不是像字刻在石上的死记忆，岁久能灭，而是像字刻在树上的活记忆，年深愈显，"那棵树愈长愈大，它身上的字迹也就愈长愈牢"[9]。

14. 写《谈艺录》

《谈艺录》基本上是如《日知录》《陔余丛考》式的传统的学术笔记和如《瓯北诗话》式的诗话的形式,它集中国传统诗话之大成,具有极高的诗学造诣和卓越的文艺见解。它渊博与精深。渊博在旁征博引、古今通融、中外打通,精深在观念和思想的独到与深刻,能琢璞现玉、披沙拣金。陆文虎在《钱锺书〈谈艺录〉的文论思想》一文中是这样评价的:《谈艺录》"提供了引进西方新学,指点中国古代文论的成功范例。此书熔古今中外于一炉,汇文史哲社于一册,慎思明辨,匠心别具,为士人增学,为学子作则。我敢断言,有志于学问者,若以此书作为入门之津梁,将来必然青春无悔"。[10]

注释:

[1] 杨绛. 杂忆与杂写:一九九二—二〇一三[M]. 北京:生活·读书·新知三联书店,2015:11.

[2] 王水照,内山精也. 关于《宋诗选注》的对话[M]//田慧兰,等. 钱锺书杨绛研究资料. 北京:知识产权出版社,2010:372.

[3][4][5] 郑朝宗. 但开风气不为先[M]//郑朝宗. 海夫文存. 厦门:厦门大学出版社,1994:4,3,4-6.

[6][10] 田慧兰,等. 钱锺书杨绛研究资料[M]. 北京:知识产权出版社,2010:69,468.

[7][8] 钱锺书. 谈艺录[M]. 北京:生活·读书·新知三联书店,2007:1,1.

[9] 钱锺书. 宋诗选注·序[M]. 北京:生活·读书·新知三联书店,2003:4.

15. 诗作高潮

蓝田时期，是钱锺书诗作创作的一个高潮期。

《槐聚诗存》序："余童时从先伯父与先君读书，经、史、'古文'而外，有《唐诗三百首》，心焉好之。独索冥行，渐解声律对偶，又发家藏清代各家诗集泛览焉。及毕业中学，居然自信成章，实则如鹦鹉猩猩之学人语，所谓'不离鸟兽'者也。本寡交游，而牵率酬应，仍所不免。且多俳谐嘲戏之篇，几於谑虐。代人捉刀，亦复时有。此类先后篇什，概从削弃。"[1] 钱锺书虽然中学毕业就能写古体诗，但对到清华大学毕业这一时段所写的诗，都不满意，全未收入《槐聚诗存》。收入《槐聚诗存》的诗是从1934年起，这时钱锺书已从清华大学毕业，在私立光华大学任讲师。收入《槐聚诗存》里的诗共173首（包括组诗）。我们把这些诗作进行如下分期：从1934年开始，到1935年《秣陵杂诗》为第一期，即光大任教期，这时期收入7首（包括组）诗；从1935年《伦敦晤文武二弟》至1938年《重过锡兰访A. Kuriyan博士》为第二期，即留学英法期，这时期收入21首（包括组）诗；从1938年《答叔子》至1939年《耒阳晓发是余三十初度》为第三期，即昆明前后期，这时期收入23首（包括组）诗；从1939年《山中寓园》至1941年《骤雨》为第四期，即国师任教期，收入34首（包括组）诗；从1941年《重九日李拔可丈招集犹太巨商别业》至1945年《拔丈七十》为第五期，即上海"孤岛"期，收入41首（包括组）诗；从1946年《还家》至1949年《寻诗》为

15. 诗作高潮

第六期，即内战时期，收入10首（包括组）诗；从1950年至1978年为第七期，即中华人民共和国成立初期，收入32首（包括组）诗；从1979年至1991年为第八期，即改革开放期，收入5首（包括组）诗。从诗作数量看，国师任教期（不到两年）创作的诗篇差不多占了《槐聚诗存》的20%，所以说，国师任教期是钱锺书创作的一个高潮期。

国师任教期，也是钱锺书诗风转变后诗作的一个高潮期。"在青少年时代，钱先生也曾走过一点弯路。那时他风华正茂，词采斐然，身上难免沾些才子气味，爱学做张船山、黄仲则等风流人物的近体诗，被父执陈衍老先生看到了，着实把他教导一番。陈老告诉他，走那条路子，不仅做不出好诗，更严重的是会'折寿'。钱锺书果然从此改弦易辙去探索风格高的诗路。"[2]钱锺书在发表于《国师季刊》第6期（1940年2月出版）上的一首五古《得孝鲁书却寄》诗中说冒效鲁"哂我旧刊诗，少游是女郎。乃引婵娟来，女弟比小仓。我笑且骇汗，逊谢说荒唐"。诗后又注曰："余二十四岁印诗集一小册，多绮靡之作。壮而悔之。"吴忠匡《记钱锺书先生》记载，钱锺书曾向他说过学诗过程和对自己诗作的评价，说"19岁始学为韵语，好义山、仲则风华绮丽之体，为才子诗，全恃才华为之，曾刻一小册子。其后游欧洲，涉少陵、遗山之庭，眷怀家国，所作亦往往似之。归国以来，一变旧格，炼意炼格，尤所经意。字字有出处而不尚运典，人遂以宋诗目我。实则予与古今诗家，初无偏嗜，所作亦与为同光体以入西江者迥异。倘于宋贤有几微之似，毋亦曰唯其有之耳。自谓于少陵、东野、柳州、东坡、荆公、山谷、简斋、遗山、仲则诸集，用力较劬，少所作诗，惹人爱怜，今则用思渐细入，运笔稍老到，或者病吾诗一'紧'字，是亦知言"[3]。依钱锺书自己的话来说，昆明前后期创作的23首（包括组）诗是"一变旧格，炼意炼格，尤所经意"的初始期的诗作，国师任教期创作的34首（包括组）诗则是诗风转变后"用思渐细入，运笔稍老到"的成熟期所形成的诗作。

《槐聚诗存》诗体皆备，国师任教期也是钱锺书诗体、诗作题材基本完备时期。从诗体、诗的题材来说，光大任教期诗体只有七绝、七律和五律等，诗作的题材有咏怀、咏物、行旅、拟古、哲理等；留学英法期，诗体增加了四言诗和六言诗，诗的题材增加了讽喻、论诗、悼亡、咏史、时事等；昆明前后期，诗体增加了五言古诗，诗的题材增加了题赠；国师任教期，诗体增加了七言古诗，诗的题材增加了酬唱、讽刺、自嘲等。至此，《槐聚诗存》里诗体和诗作题材已基本完备了。除了上海"孤岛"期增加了歌行本这种诗体外，以后各时期没有增加其他诗体和诗作题材了。《槐聚诗存》诗体、诗作题材基本完备于国师任教期，这进一步说明此时期是钱锺书诗作成熟期，这时期的诗作差不多占了《槐聚诗存》的20%正是其诗作高潮的体现。

吴忠匡《记钱锺书先生》回忆说：

> 在蓝田的那些日子里，锺书更多的是写作旧体诗。他的诗律法精严，格高韵远，极耐人寻味。他从上海来湘西，路途所经即写进《围城》中的那段旅程，他都有诗作。到了蓝田，就把这一册诗稿交给我，我给他在小镇上仅有的一家小印刷所用折子本印行了200份，他自署《中书君近诗》。从此，他每有诗作，我都用夹贡纸（镇上没有宣纸供应）强他为我录存。他总是欣然把笔，从不推拒。还为此赠与我一首律体，中一联是"见役吾岂能事者，赏音子殆解人耶。"他很得意这一联。前些年，他从北京把近作写了满满两页长笺邮寄给我，第一首即是当年的旧作：
>
> **燕谋、忠匡相约作诗遣日，余因首唱**
> 昔游睡起理残梦，春事阴成表晚花。
> 忧患遍均安得外，欢娱分减已为奢。

宾筵落落冰投炭，讲肆悠悠饭煮沙。

笔砚犹堪驱使在，姑容涂抹答年华。[4]

这首诗的题目说明钱锺书与徐燕谋、吴忠匡不仅是知音和知心朋友，还是风气相熏之诗友。"相约作诗遣日"不仅是他们排除沉闷心情的一种方式，也是一种练笔的好形式。这首诗收入《槐聚诗存》时，将题目改为了《笔砚》，"笔砚"，实含有练笔、写作的意思。

首联写春色已绿树成荫，树梢上开着晚花，睡醒起床，回忆梦中以前交游的片段。颔联说忧患到处有，怎能处身于外？分享欢娱已是一种过分而不现实的希望了。颈联说筵席上，话不投机，有如冰火不相容，教书日子难熬，难有成就。尾联说姑且用笔墨写诗著书来酬答青春年华。

在蓝田，钱锺书是怎样"炼意炼格"的呢？

一是效法宋人将大量事典融入诗中、下字贵有来历的法度。如前面这首《燕谋、忠匡相约作诗遣日，余因首唱》即如此。"理残梦"，反用宋朝卢祖皋《清平乐》词句："旧时驻马香阶。如今细雨苍苔。残梦不堪重理，一双胡蝶飞来。""阴成"，出自《唐诗纪事》。杜牧游湖州，见一少女10余岁，因与其母相约10年后来娶。14年后杜牧为湖州刺史，其女已嫁并有二子。杜牧作《叹花》诗："自恨寻芳到已迟，往年曾见未开时。如今风摆花狼藉，绿叶成阴子满枝。""绿叶成阴子满枝"原意是形容失去恋情的懊悔，后人亦用作以前认识的女孩已结婚生子，成为他人妇。此用字面义。"晚花"，出自杜甫《水槛遣心二首》（其一）："澄江平少岸，幽树晚多花。""忧患"句，化用《论语·季氏》"丘也闻有国有家者，不患寡而患不均，不患贫而患不安。盖均无贫，和无寡，安无倾"之意。"分减"，意谓把自己的一部分东西分给别人分享。出自《东观汉记·孔奋传》："奋笃于骨肉，弟奇在洛阳为诸生……每有所食甘美，辄分减以遗奇。"又出自杜甫《秋野》："盘飧老夫食，分减及溪鱼。""冰投炭"，比喻关系、感情极不融洽，如冰火不相容。语出《韩非子·显学》："夫冰炭不同器而久，寒暑不兼时而至。"陆游《寄题李季章侍郎石林堂》："君不见，牛奇章与李卫公，一生冰炭不相容。""饭煮沙"，即煮沙成饭，比喻难以有成，此比喻教书难有成就。语出《楞严经》（卷六）："若不断淫修禅定者，如蒸砂石，欲其成饭，经百千劫只名热砂。何以故？此非饭本，砂石成故。""笔砚"句，化用杜甫《江畔独步寻花七绝句》（其二）诗句："诗酒尚堪驱使在，未须料理白头人。"全诗句句用典，字字有来历，固然有如吴忠匡在《记钱锺书先生》一文中说的"他的诗由于过分的雕琢，句意无不晦涩，要读懂它实在很费力气"[5]的一面；但是，另一方面，一旦读懂了运用的典故，也会感受到诗人"思之愈精而造语愈深也"（南宋《诗宪》引北宋魏泰之语）的高妙来。

二是打通中外古今，拟古出新。钱锺书在1940年写了一首《当子夜歌》，诗曰：

妾心如关，守卫严甚。
欢竟入来，如无人境。

妾心如室，欢来居中。
键户藏钥，欢出无从。

妾为刀背，欢作刀口。
欢情自薄，妾情常厚。[6]

这首诗的诗意是从德国十五六世纪的民歌里"偷"来的，形式完全是中国古代的乐府曲，并且句句用中国事典。如"妾"，旧时女人自称。"欢"，古时女子对情人的称呼。唐朝刘禹锡《踏歌词》："唱尽新词欢不见，红霞映树鹧鸪鸣。""键户"，是"锁门，闭门"的文言说法。"妾为"

两句，化用袁枚《随园诗话》（卷四）文句："刀背贵厚，刀锋贵薄。""欢情"两句，言男子感情淡薄，女子感情常深。化用唐朝李嘉佑《杂兴》诗句意："君心比妾心，妾意旧来深。""欢情"出自陆游《钗头凤》："钗头凤，红酥手，黄縢酒，满城春色宫墙柳。东风恶，欢情薄。一怀愁绪，几年离索。错！错！错！"

后来这首德国民歌在《围城》里又被苏文纨"偷"了一次，这次是钱锺书请杨绛代为翻译的。杨绛在《记钱锺书与〈围城〉》里说："是锺书央我翻译的，他嘱我不要翻得好，一般就行。"杨绛是这样翻译的：

难道我监禁你？
还是你霸占我？
你闯进我的心，
关上门又扭上锁。
丢了锁上的钥匙，
是我，也许你自己。
从此无法开门，
永远，你关在我心里。[7]

三是力求融唐宋诗之长而自成一家。如写于1940年的《偶书》三首，诗曰：

非复扶疏翠扫空，辞枝残叶意忪忪。
牧之惆怅成阴绿，讵识秋来落木风。

张（籍）刘（禹锡）观水感澜生，不似人心惯不平。
更愿此心流比水，落花漂尽了无情。

客里为欢事未胜，正如沸水泼层冰。

纵然解得些微冻，才着风吹厚转增。[8]

第一首，"非复"两句，描写残叶匆匆忙忙告别树枝，不再是翠绿的枝叶伸向天空。翠扫空，语出宋朝范成大《初归石湖》："当时手种斜桥柳，无数鸣蜩翠扫空。"残叶的形象来自北宋诗人李觏所作的《残叶》："一树摧残几片存，栏边为汝最伤神。""牧之"两句，言杜牧《叹花》诗为"绿叶成阴子满枝"而惆怅，怎能懂得还有扫落树叶的秋风？"落木"出自庾信《哀江南赋》："辞洞庭兮落木。"杜甫《登高》："无边落木萧萧下，不尽长江滚滚来。"

第二首，"张刘"两句，言因水生波澜而起感慨，不似人心习惯了不平之事。唐朝张籍《送友人卢处士游吴越》："吴苑夕阳明古堞，越宫春草上高台。波生野水雁初下，风满驿楼潮欲来。"刘禹锡《竹枝词九首》："长恨人心不如水，等闲平地起波澜。""不似"句，化用唐朝罗隐《晚眺》诗句："天如镜面都来静，地似人心总不平。""更愿"两句，化用唐朝崔涂《春夕》诗句："水流花谢两无情，送尽东风过楚城。蝴蝶梦中家万里，子规枝上月三更。"也是化用唐朝王维《寒食城东即事》诗句："溪上人家凡几家，落花半落东流水。"

第三首，"客里"两句，言作客他乡，梦里欢乐还没完就醒了，这就像沸水泼在厚厚的冰上。"客里"句，化用李煜《浪淘沙令》词句："梦里不知身是客，一晌贪欢。""层冰"，出自宋朝辛弃疾《念奴娇·和南涧载酒见过雪楼观雪》词句："便拟明年，人间挥汗，留取层冰洁。""纵然"两句，说纵然冰雪稍微融化了一些，刚刚秋风一吹冰又增厚了。比喻愁思稍微消除一些，秋风一吹，一下子又增多了。

这三首诗，写的是愁思，借秋风做载体，用秋木、秋水、层冰作比喻，化抽象为形象，看似浑成流转，实则刻意经营，兼有宋诗清隽的韵味和唐诗想象丰富的生动形象。把此三首诗与钱锺书写于同一年但时间略早一点的《愁》诗进行比较，更看出他"炼意炼格"的精心，其诗曰：

> 愁挟诗来为护持，生知愁是赋诗资。
> 有愁宁可无诗好，我愿无愁不作诗。[9]

这首诗同样是写愁，但全篇皆议论，虽然细腻而深刻地写出愁者的心理，"有愁宁可无诗好，我愿无愁不作诗"也是精警之句，但不如《偶书》三首写得生动隽永有品位。钱锺书在蓝田写"愁"的诗除了这两首（组）外，还有七言古诗《遣愁》、五言绝句《小诗五首》（其二）等，这说明他反复以"愁"作为题材，尝试用不同的诗体，采用各种不同的写法。

"炼意炼格"还有多方面，如在七律方面，杂取古代七律名家如杜甫、李商隐、黄庭坚、陆游、陈后山、陈简斋等艺术手法，"在气格、章句方面刻意锻炼，有似宋人，而声调、色泽则取之于唐，即所谓'唐音宋骨'者"[10]，自成一味。其诗一经发表在《国师季刊》上，引起极大的反响。一是唱和者众，如马宗霍、钟泰、章慰高、仁甫、颖之、吴忠匡等人；二是使一些诗作功底不雄厚的人不敢在《国师季刊》发表诗作了。国师1939级体童科学生谢力中回忆说："默存仙较晚到校，抵校后也在校刊发表诗作——是和李达仙相同类的传统律诗及绝句等而非新诗。他的中文诗也不同凡响，刊出之后，李达的诗作便很少出现了。数学家的文学作品究竟不如文学家的素养之高，数学家有自知之明，就不在'班门'再'弄斧'了。"[11]笔者查阅《国师季刊》，也确实如此。

注释：

[1] 钱锺书.槐聚诗存·序[M].北京：生活·读书·新知三联书店，2003：1.
[2] 郑朝宗.但开风气不为先[M]//郑朝宗.海夫文存.厦门：厦门大学出版社，1994：3.

[3][4][5] 田慧兰,等. 钱锺书杨绛研究资料[M]. 北京：知识产权出版社, 2010：74, 71, 72.

[6][8][9] 钱锺书. 槐聚诗存[M]. 北京：生活·读书·新知三联书店, 2003：65, 58, 50.

[7] 钱锺书. 围城[M]. 北京：生活·读书·新知三联书店, 2007：79.

[10] 刘梦芙.《槐聚诗存》初探[M]//冯芝祥. 钱锺书研究集刊：第一辑. 上海：上海三联书店, 1999：156.

[11] 谢力中. 光明山点滴：一九三九—四零肄业蓝田国师回忆[M]//邱超文.《围城》之城. 北京：中国文史出版社, 2007：127.

16. 孕育《围城》

1941年夏钱锺书回到上海，1944年开始以自己与同事辗转千里从上海来国师任教的经历为素材创作长篇小说《围城》，1946年完成。《围城》先后被翻译成40多种外文，成为一部世界名著。但是《围城》孕育于蓝田。

郑朝宗在《怀旧》一文中写道："1980年《围城》重印出书，徐（燕谋）先生来信告诉我：'锺书君《围城》一书虽成于沪，而构思布局实在湘西穷山中。四十年前坐地炉旁，听君话书中故事，犹历历在目。'"[1]《围城》全书9章，第1~4章写方鸿渐从海外留学回到上海和家乡（江南某县）的生活情景，以写上海为主；第5章写一行教师从上海来"三闾大学"途中的故事；第6~7章写"三闾大学"的生活和教授的众生相；第8~9章写方鸿渐和孙柔嘉在返回上海途中结了婚，回到上海的生活。

《围城》里"三闾大学"的原型究竟是哪所大学？对此的猜测主要有两种。有人认为"三闾大学"的原型应该是蓝田国师，而非西南联大，理由有三："（1）钱锺书在西南联大教书的时间非常短，他在湖南教书时间相对较长。（2）西南联大是由我国最著名的三所大学组成的，它的规模非常大，人非常多，而蓝田国立师范学院非常小，人际关系更能凸显出来。蓝田是个小地方，比较闭塞；昆明是个大地方，与外面的联系相对方便。钱锺书在蓝田国立师范学院的时候，学校对他的重视超过他在西南联大。(3) 西南联大是名教授济济，蓝田国立师范学院也汇集了国内的一些优秀学者，但无法与西南联大相比，钱锺书在这里担任的是英文系主任，地位比他在西南联大要高。再加上他的父亲钱基博先生在这里担任领导职务。这些都是一一对应的。"[2]

但有人认为"三闾大学"的原型可能是西南联大，"《围城》里的三闾大学，并不直接指向湖南蓝田的国立师范学院，我们不能因钱锺书的父亲、国文系主任钱基博撰有《韩愈志》，就将其与三闾大学历史系主任、那伪造学历、招摇撞骗的韩学愈挂上钩"。李洪岩在《智者的心路历程》中也说："后来，钱锺书的长篇小说《围城》问世，风动士林，有人认定小说影射了西南联大教授，颇为不满，惟有吴宓对小说大加赞誉，认为百读不厌。"[3]

这两种说法都有一定的道理，但都是片面的，并且支撑观点的理由，仅是一种主观猜测，缺少对作品的细致研读和对历史事实的考证。我们通过对作品的反复研读，将《围城》有关"三闾大学"的一些描写与蓝田国师和西南联大的历史进行对照研究，并通过对国师所在地的调查，得出的结论是，"三闾大学"是钱锺书"杂取"国师和西南联大的种种而合成的一所虚构的大学。

"三闾大学"的取名，体现了钱锺书这种构思。"三闾"是影射国师。"三闾"是"三闾大夫"的省称。"三闾大夫"是战国时楚国特设的官职，屈原遭贬后任此职。《史记·屈原列传》裴骃集解中说："骃案《离骚序》曰：三闾之职，掌王族三姓，曰昭、屈、景。原（屈原）序其谱属，率其贤良，以厉国士。"钱基博撰写国师第一首院歌，歌词为："孰兴我少艾，五千年之文明，焕彩霏芳霭，国何曾老大，勤以精业，博爱之谓仁，明德亲民，旧邦命维新，国何害老大，抚万里之山河，沧海以为带，万国莫我奈，好作新兆民，好作新兆民，一代师表重自珍，莫辜负群伦。"后来廖世承院长重新撰写院歌，歌词为："国师，国师，文化的先进，国民的导师，陶甄人才，作育多士，建树一代良规，忠于为人，勇于克己，披荆斩棘，履险如夷，宏施教泽，百年以为期；国师，国师，青年的先导，建国的良师，爱护幼童，扶植少壮，创立和平始基，诚以待人，义以接物，摩顶放踵，念兹在兹，风行草偃，千载有余思。"[4]这两首院歌都体现了国师自觉承担"率其贤良，以厉国士"的历史责任。屈原曾流放溆浦，屈原在《涉江》里叙述了自己流放溆浦的行程："乘舲船余上沅兮……朝发枉陼兮，夕宿辰阳……入溆浦余儃徊兮，迷不知吾所如。"1944年，由于日寇长驱深入湘中腹地，国师被迫西迁溆浦，在那里办学两年。钱锺书用"三闾"影射国师是确定无疑的。但是"三闾大学"的"大学"，则是影射西南联大，因为国师不是大学级别，而是学院级别。所以"三闾大学"取名，就是国师与西南联大的合成，这些都可在《围城》有关情节的描写中得到证实。

"三闾大学"所在地、校园情景、设施等基本上以国师为原型。

经过调查，我们发现《围城》里关于"三闾大学"的一些景物描写都可以在国师的所在地蓝田找到原型。《围城》写"三闾大学"是一座"摇篮"，这"摇篮也挑选得很好，在平成县乡下一个本地财主的花园里，面溪背山"。"平成"，是"平安成化"之意的缩语，即暗指安化县；"花园"就是李园；"溪"就是蓝田的升平河；"山"就是国师二院里的光明山。《围城》里描写的三闾大学的图书馆就是国师的图书馆。《围城》里描写的联谊社，就是国师的联谊社，今涟源一中教工之家处。《围城》第7章里写道："汪家租的黑砖半西式平房是校舍以外本地最好的建筑，跟校舍隔一条溪"，这建筑就是当时的"德志园"，在今涟源市盘龙湾小区东前侧不远处，这建筑前几年还有一栋在。《围城》第7章里写道："水涸的时候，大家都不走木板桥而踏着石子过溪……"据在国师当过校工现还健在的李中文老人说，这木板桥确实有过，国师时，附近一个村民为了方便国师的师生过溪，在现光明山社区（原蓝郊村）李家院子前的河湾处架了一座木板桥,这座木板桥后来被洪水冲走了,今在此处修建了一座四车道的大桥。《围城》里写道:"表上刚九点钟,可是校门口大操场上人影都没有……四野里早有零零落落试声的青蛙……"这大操场就是国师校门前的大操场,今为涟源市政府大院东前侧的"五江购物中心"。

来国师不久,钱锺书写了一首《寓园树木》诗,这首诗发表在1940年2月出版的《国师季刊》第6期上,诗曰:"阅世长松下,读书秋树根。来看身独槁,归种地无存。故物怀乔木,羁人赋小园。况逢摇落节,一叶与飘魂。"后来,这首诗的首联被《围城》里的汪先生引用来写园外之景。《围城》第7章里写:"过了溪,过了汪家的房子,有几十株瘦柏树,一株新倒下来的横在地上,两人就坐在树身上。汪先生取出嘴里的香烟,指路针似的向四方指点道:'这风景不坏。"阅世长松下,读书秋树根。"'……"

《围城》第6章里描写:"这学校草草创办,规模不大;除掉女学生跟少数带家眷的教职员外,全住在一个大园子里。"这显然是暗指国师的。1938年国师开办时借李园为校舍,国师第一届学生桂多荪在《"国师"初建时期的点滴回忆》一文中说:"除在距李园约半市里的光明山上、下修建新校舍,尚未完成外,又在李园后山上已建成一层教室上十间。这就是我们上课的教室。师生员工的住宅则全挤住在李园。领导、教授、员工约一百多人;我们七系一科的同学也有一百人……"[5] 1940年国师规模扩大,在李园旁边光明山建成国师二院。

当然,"三闾大学"的设施也并非全是以国师为原型。《围城》第6章写"三闾大学"的图书馆,"馆里通共不上一千本书,老的,糟的,破旧的中文教科书居其大半,都是因战事而停办的学校的遗产"。这是"杂取"了国师和西南联大两校的图书馆的因子合成的形象。"联大的图书馆条件简陋","那时西南联大有学生两三千名,图书馆却只能提供不到二

16. 孕育《围城》

百个座位"[6],"几万册藏书,主要是课本和各种教学参考书……粥少僧多,图书馆开馆前,门外总是挤满了人,以便抢进去借一本参考书或是占一个座位"[7]。而国师创办之初,"接受安徽大学和山东大学的旧书加上购买的新书,总共不过千余册,根本不能满足师生的需要"。但"为尽快充实图书,学院采取了多种办法。中文书方面,曾和湖南南轩图书馆主人订约借用图书 15000 余册,作为过渡;每年派专人到长沙、邵阳、桂林等地积极搜购……"钱锺书还是国师的图书委员会主席,对这一切自然一清二楚。到钱锺书离开国师的 1941 年,国师图书馆已有中文藏书 25349 册、西文藏书 1535 册,总共藏书 26884 册。而此时国师只有学生 590 名,教师 163 名。[8]所以,"馆里通共不上一千本书","都是因战事而停办的学校的遗产"是影射国师图书馆;"老的,糟的,破旧的中文教科书居其大半"则是影射西南联大图书馆。钱锺书杂取两者合成"三闾大学"图书馆这一形象。

"三闾大学"的一些院系、课程设置基本上以西南联大为原型。

国师初创时,只设有国文、英文、教育、史地、数学、理化及公民训育等 7 个系,但《围城》第 7 章却写道:"高松年身为校长,对学校里三院十系的学问,样样都通……"这显然是以西南联大为原型的。钱锺书在西南联大工作时,是西南联大建校初期。这时期西南联大的"院系设置和行政组织系统基本维持长沙临大时期的原状"[9],长沙临大的院系设置为三院十七系。三院即理学院、法商学院、文学院。《围城》第 7 章里写道:"我兄弟呢——这话别说出去——下学期也许负责文学院。教育系要从文学院分出去变成师范学院……"这也是以西南联大为原型的,据《国立西南联合大学校史》记载,1938 年"8 月初,又遵部令增设师范学院,将文学院哲学心理教育学系的'教育'部分与云南大学教育系合并,成立教育学系,归师范学院"[10]。更有说服力的是《围城》第 6 章里写道:"依照学校章程,文法学院学生应该在物理、化学、生物、论理四门之中，选修一门"，这文法学院国师没有，一般大学可能也不会有，这是西南联大刚在昆明成立时，由于校舍不够分配，"文学院和法商学院的校舍，蒋梦麟曾亲自去蒙自观察，3月14日回昆明，第二天下午开会决定文法学院设在蒙自"[11]。可见，"三闾大学"的院系设置是以西南联大的院系设置为原型的。

《围城》里描写"三闾大学"涉及的一些学系基本上也是以西南联大为原型的。如《围城》第6章描写中涉及的一些学系：

中国文学系——"……中国文学系同学今晚七时半在联谊室举行茶会，欢迎梅亭先生"；

政治系——"辛楣道：'岂有此理！政治系学生为什么不开会欢迎我呀？'"

外国语文系——"孙小姐，你改了行罢。不要到外国语文系办公室了，当我的助教……"

历史系——"历史系主任韩先生的太太，我也没有看见过……"

第7章描写中涉及的一些学系：

物理系——"就像物理系的吕老先生，凡是学生活动，无不参加……"

哲学系——"我想下学期要添一个哲学系，请你专担任系里的功课"。

这些中国文学系、政治系、外国语文系、历史系、物理系、哲学系都只有西南联大有[12]；国师分别只有国文系、公民训育系、英文系、史地系、理化系，而没有哲学系。

《围城》里描写"三闾大学"涉及的一些课程基本上也是以西南联大为原型的。如《围城》第6章写方鸿渐"希望高松年允许自己改教比较文化史和中国文学史"，这"比较文化史"毫无疑问是以钱锺书在西南联大开设的课做原型的。《联大教授》写道："钱锺书教授从中西比较文化角度对学生进行教学"[13]。再如《围城》第6章写"鸿渐瞧了生气，想自己总不至于比李梅亭糟，何以隔壁李梅亭的'先秦小说史'班上，学

16. 孕育《围城》

生笑声不绝……"这"先秦小说史"课程国师没有开设过，它应是影射西南联大沈从文开设过的"中国小说史"课程。[14]

《围城》描写"三闾大学"里的一些情节是"杂取"钱锺书在西南联大和国师有关生活素材合成的。

如上面所举例说的："……隔壁李梅亭的'先秦小说史'班上，学生笑声不绝……"就是"杂取"而合成的。"先秦小说史"影射西南联大沈从文开设过的"中国小说史"课程。当然，先秦还没有小说，更无从谈什么小说史，虚构这门课程，反映的是当时西南联大一些教授对沈从文瞧不起的实际情况。"当时联大的一些教授以古籍、考据和国学为学术生命，对新文学和作家，并不接受。""公开瞧不起沈从文的是刘文典，据说在讨论沈从文晋升教授职称的会议上，他勃然大怒，说：'陈寅恪才是真正的教授，他该拿四百块钱，我该拿四十块钱，朱自清该拿四块钱，可我不给沈从文四毛钱。'"[15]"钱锺书的中篇小说《猫》影射文化艺术圈的好多名流，小说中的作家曹世昌，据说原型就是沈从文。"[16]但"学生笑声不绝……"则不是取材于沈从文，因为沈从文虽然"非常敬业"，但是"不善于讲课"，"他的课，学生多因其浓重的湘西口音听不懂，兴趣渐无"。所以，"学生笑声不绝……"应是取材于西南联大或国师其他教师，可能就是取材于钱锺书自己。西南联大"当时大一英文分3个组，A组的陈福田注重美国英文，B组的钱锺书注重英国英文，C组的潘家洵注重中文翻译。在学生中最受欢迎的是潘家洵，很多人在窗子外面听他的课，听他翻译易卜生的作品"。"北京大学教授、翻译家许渊冲曾经听过钱锺书的大一英文课，他记录了钱锺书上课时的情形：'钱先生只说英文，不说中文；只讲书，不提问题；虽不表扬，也不批评，但是脸上时常露出微笑。'……钱锺书口才极好，人很风趣，许渊冲曾经回忆，钱先生妙语连珠，大有'语不惊人死不休'之慨。"[17]国师毕业的陈思卓"曾说《围城》中的李梅亭，有他们学校某教授的影子。同学们后来读到

《围城》，不由得都联系到这位教授身上。他们彼此还交相考问：你看像谁？一经道出，大家都觉得真是惟妙惟肖、入木三分"[18]。

《围城》第 6 章写方鸿渐看到高松年聘李梅亭当中文系主任的事打了水漂，便担心高松年也不认"这个蹩足教授"。第二天方鸿渐去拜见高松年，一见高松年，高松年就问："方先生，你收到我的信没有？"方鸿渐"惶遽地说：'没有呀！我真的没收到呀！重要不重要？高先生是什么时候发的？'""'咦！怎么没收到？'高松年直跳起来，假惊异的表情做得惟妙惟肖……""高松年做了个一切撇开的手势，宽宏地饶赦那封自己没写，方鸿渐没收到的信：'信就不提了，我深怕方先生看了那封信，会不肯屈就，现在你来了，你就别想跑，呵呵！……'"杨绛《记钱锺书与〈围城〉》讲了钱锺书没接到西南联大清华大学的聘书一事。"一九三九年秋，锺书自昆明回上海探亲后，他父亲来信来电，说自己老病，要锺书也去湖南照料。师范学院院长廖先生来上海，反复劝说他去当英文系主任，以便伺候父亲，公私兼顾。"后来，杨绛在《钱锺书离开与国立西南联大的实情》一文写道："我们原先准备同过一个愉快的暑假，没想到半个暑假只在抗衡不安中过去。拖延到九月中旬，锺书只好写信给西南联大外语系主任公超先生，说他因老父多病，需他陪侍，这学年不能到校上课了。锺书没有给梅校长写信辞职，因为私心希望下一年暑假陪他父亲回上海后重返清华。公超先生没有任何答复。我们等着等着，不得回音，料想清华的工作已辞掉。十月十日或十一日，锺书在无可奈何的心情下，和兰田（按：应为"蓝田"，下同）师院聘请的其他同事结伴离开上海，同往湖南兰田。他刚走一两天，我就收到沈斋先生（梅校长的秘书长，也是我的堂姐夫）来电，好像是责问的口气，怪锺书不回复梅校长的电报。我莫名其妙，梅校长并没来什么电报呀！我赶紧给斋哥回了电报，说没接到过梅校长的电报，锺书刚刚走。同时我立即写信告诉锺书梅校长发来过电报，并附去斋哥的电报。信寄往兰田师院。"对梅贻琦的电报,钱锺书在致梅贻琦信中也说:"此电寒家未收到。"把《围城》描写的情节与钱锺书这事一对照,可以说《围城》的情节是取材于这件事,它不过是把西南联大的事嫁接到了"三闾大学"。

《围城》第6章里还描写了一个重要情节:实行导师制。1938年4月9日,当时的教育部颁布了训令,"分别订写专科以上学校导师制纲要及中等学校导师制纲要"[19]。西南联大对这一导师制是贯彻执行了的,只是"在训导工作方面,西南联大也没有完全执行教育部的训令,而是根据自己的情况有所变通的"。1938年"11月……遵照教育部实施一年级导师制的规定,专门成立了大学一年级生课业生活指导委员会。师范学院成立后,设主任导师,由查良钊任训导长。每晨举行升旗仪式,由院长或主任导师讲话。对学生的生活、纪律等方面管理比较严格"[20]。国师同样实行了这一导师制。国师训导主任任诚曾在国师成立一周年纪念日发表讲演时说:"我们有个信条——师生共同生活。这一年来,我们虽不能全部做到,但已不断地努力求得师生间的接近。凡关于学生生活各方面,导师皆随时加入,处处都表现着亲密的合作……"[21]同样每晨举行升旗仪式和由院长或主任讲话。但《围城》里没写这些,而是选取国师师生共餐这一生活素材来反映当时的导师制。《围城》第6章里写李梅亭代理训导主任,"在牛津剑桥,每个学生有两个导师,一位学业导师,一位道德导师。他认为这不合教育原理,做先生的应当是'经师人师',品学兼备,所以每人指定一个导师,就是本系的先生;这样,学问和道德可以融贯一气了";他认为"议决每位导师每星期至少和学生吃两顿饭,由训导处安排";"他定下规矩:导师的饭由同桌学生先盛,学生该等候导师吃完,共同退出饭堂,不得先走。看上来全是尊师。外加结合了孔夫子的古训'食不语',吃饭时不得讲话,只许吃哑饭,真是有苦说不出"。对这种苦,钱锺书是深有体验的。一是他在牛津留学时体验过。罗银胜《百年风华——杨绛传》写道:"钱锺书所在学院里,每个学生有两位导师：一位是学业导师，另一位是品德导师。""牛津还有一项必须遵守的规矩。学生每周得在所属学院食堂吃四五次饭。"[22]二是在国师体验过。国师第一届毕业生袁勋回忆说："开学之初，人数不多，会食在一大厅。八人一席，每席有一、二教师，学生不分系别男女，固定座位，按时入席，谦让静肃，彬彬如也。席次座位，每月调整一次。这种安排初以为拘束，久而习惯，不独同学中相识较广，即师生间也互增了解，有亲切之感。教务长汪博士，留学法国，特重仪表礼貌，同席者毋敢散放。"[23]另一国师学生也回忆说："训导主任任诚（字孟闲）先生……言行中规中矩，始终与学生生活在一起，和我们一起排队进餐厅，一起开饭，公筷母匙，食时不语，碗筷自洗。"[24]《围城》里对导师制的描写融合了钱锺书国内外生活的体验。

综上所述，《围城》里"三闾大学"的环境、设施、院系和课程设置、一些情节是"杂取"国师和西南联大的因子合成的"这一个"。这也正如杨绛所说的：《围城》里的"某些情节略具真实，人物却全是捏造的"[25]。

至此，我们明白徐燕谋所说的"听君话书中故事"，这些故事既有留学海外的故事，也有国内的故事；既有生活在上海的故事，又有生活在其他地方的故事；既有在西南联大任教的故事，又有在蓝田国师任教的故事……

弄清这些，有利于消除一些读者把"三闾大学"附会西南联大或国师的片面认识，从而准确地理解《围城》里所反映的不是某一所大学的现实生活，而是当时中国高等学校生活的一个侧面。其实，这一点，钱锺书在《围城》序的开头就告诉了我们，他说："在这本书里，我想写现代中国某一部分社会、某一类人物。"[26]

蓝田的生活为《围城》的创作提供了丰富的生活素材，也激发了钱锺书的创作灵感。汤晏在《一代才子钱锺书》里说："我们可以这样肯定

16. 孕育《围城》

地说，如果没有蓝田之行，则钱锺书绝对不会有《围城》，如果说没有《围城》这部巨著，那么中国文学史就要寒伧得多了。故蓝田虽小，但对钱锺书及对中国现代文学的意义都无比地重大。"[27]此言不虚也。

注释：

[1] 郑朝宗. 但开风气不为先[M]//郑朝宗. 海夫文存. 厦门：厦门大学出版社，1994：74.

[2] 李洪岩. 从《围城》中索隐西南联大人和其他知识分子[N]. 新京报，2007－12－17.

[3][17] 李洪岩. 智者的心路历程——钱锺书生平与学术[M]. 石家庄：河北教育出版社，2002：82，161－162.

[4] 吴勇前. 辉煌苦难 11 年——中国第一所独立师范学院史[M]. 长沙：湖南师范大学出版社，2017：120.

[5] 桂多荪. "国师"初建时期的点滴回忆[M]//邱超文. 《围城》之城. 北京：中国文史出版社，2007：119.

[6][14][15][16] 刘宜庆. 绝对风流：西南联大生活录[M]. 北京：北京航空航天大学出版社，2009：202，51，50，51.

[7][9][10][11][12][20] 西南联合大学北京校友会. 国立西南联合大学校史[M]. 北京：北京大学出版社，2006：41－42，26，29，24，26，36.

[8] 孔春辉. 国立师范学院办学述略[M]//邱超文. 《围城》之城. 北京：中国文史出版社，2007：19，20，17.

[13] 冯友兰，吴大猷. 联大教授[M]. 北京：新星出版社，2010：84.

[18] 刘衍文. 漫话钱锺书先生[M]//冯芝祥. 钱锺书研究集刊：第二辑. 上海：上海三联书店，2000：102.

[19] 姚丹. 西南联大历史情境中的文学活动[M]. 桂林：广西师范大学出版社，2000：84.

[21] 任诚. "留恋"和"反省"[M]//邱超文. 《围城》之城. 北京：中国文史

出版社，2007：76.

[22] 罗银胜. 百年风华——杨绛传［M］. 北京：京华出版社，2011：53.

[23] 袁勖. 回忆廖世承院长［M］//邱超文.《围城》之城. 北京：中国文史出版社，2007：172.

[24] 薛光祖. 念国师、怀师友，恩重情长［M］//邱超文.《围城》之城. 北京：中国文史出版社，2007：133.

[25] 杨绛. 记钱锺书与《围城》［M］//钱锺书. 围城. 北京：人民文学出版社，1998：340.

[26] 钱锺书. 围城［M］. 北京：生活·读书·新知三联书店，2007：1.

[27] 汤晏. 一代才子钱锺书［M］. 上海：上海人民出版社，2006：209.

17. 哀滕若渠

1941年，钱锺书把暑假回上海的打算告诉徐燕谋后，正筹划着回上海的路线时，听到好朋友滕若渠于5月20日去世的噩耗，犹如晴天霹雳，他不相信只比自己大9岁的年仅41岁的滕若渠会英年早逝。

滕若渠（1901—1941），名滕固，上海宝山人，是中国现代美术史上有影响的美术史论家。1918年毕业于上海美术专科学校，1919年赴日本留学，1920年考入日本东京帝国大学，专攻美术考古和美术史论，1924年毕业回国后，先后参加"文学研究会""民众剧社""创造社"和"狮吼社"等社团，并与刘海粟等人发起"上海艺术研究会"；相继担任上海美术专科学校教授、湖南艺术专科学校校长。1930年赴德国留学，入柏林大学哲学系，研究艺术史，获哲学博士学位。1932年回国，先后担任南京金陵大学教授、广州中山大学教授、国立艺术专科学校校长等职。滕若渠多才多艺，在文学和艺术方面均有造诣，著有美术论著《中国美术小史》《唐宋绘画史》及小说集《壁画》《银杏之果》《睡莲》等。

1938年，钱锺书从英国留学回国后赴昆明，任西南联大英语系教授。这时，滕若渠担任国立艺术专科学校校长（1938—1940），也在云南。两人在昆明见面，一见如故。此后，两位才子惺惺相惜，交往甚密。

1939年暑假，钱锺书准备从昆明回上海时，滕若渠为他饯别。参加饯别的19人中，钱锺书最年轻，故滕若渠在赠给他的诗中说："十九人中君最少，二三子外我谁亲。"足见滕若渠对钱锺书的亲密感情。当时，钱锺书便写一首《滕若渠饯别有诗赋答》，诗曰：

相逢差不负投荒，又对离筵进急觞。
作恶连朝先忽忽，为欢明日两茫茫。
归心弦箭争徐急，别绪江流问短长。
莫赋囚山摹子厚，诸峰易挫割愁铓。[1]

"相逢"两句，言我俩相逢，真没亏欠我俩投奔昆明的这一趟，今天却面对饯别之宴而举杯连饮。"作恶"两句，言连日忧闷不快，早就惆怅失意；今天强颜欢笑，明天两人就相隔两茫茫。作恶，悒郁不快。语出《世说新语·言语》："谢太傅语王右军曰：'中年伤于哀乐，与亲友别，辄作数日恶。'""归心"两句，言自己归心似箭，离愁别绪如江流一样长。"莫赋"两句，言没有模仿柳宗元作《囚山赋》，因为处处山峰都会触发自己的愁绪，如刀锋一样能割断愁肠。唐朝柳宗元永贞元年谪居永州，元和九年作《囚山赋》，有句云："圣日以理兮，贤日以进，谁使吾山之囚吾兮滔滔？"

1939 年，滕若渠邀请钱锺书为国立艺术专科学校撰写讲稿。中秋这一天，钱锺书便在上海完成了《中国诗与中国画》一文的撰写。[2] 1939 年中秋节是公历 10 月 2 日。不到一个月后，钱锺书便动身离开上海赴蓝田了。到蓝田后，钱锺书对此文进行了修改，寄给了滕若渠。同时，钱锺书在国师的朋友读了这篇论文后，认为很好，希望在《国师季刊》上发表。钱锺书同意，便先发表在《国师季刊》第 6 期（1940 年 2 月出版）上。同期上还发表了钱锺书的 6 首诗作，其中一首为《余蓄须而若渠书来云剃发作僧相，戏作寄之》。诗曰：

17. 哀滕若渠

藏身人海心俱违，各居空谷无与侪。
跫然不闻足音至，搔头剃面何为哉？
一任猬刺世都笑，窃喜鹙秃君可陪。
圆顶知现尊者相，长髯看作老奴猜。
薙发莫如草务尽，艺须愿比花能栽。
纛纛勿失罗敷婿，揠助苗长良所该。
青青堪媚陆展室，胡竟图蔓除其菱。
休教野火烧便绝，留待他日春风吹。
相逢已恐不相识，彼此问客从何来。[3]

钱锺书在"跫然不闻足音至"前注曰："君长国立艺专，校迁晋宁。"当时国立艺术专科学校常闹学潮，可能是滕若渠萌发退隐之志，来信中说自己打算剃发为僧相，钱锺书便作此诗作答，这首诗可能是连《中国诗与中国画》一起寄去的。抗日战争时期，有许多人蓄须以明志，如京剧大师梅兰芳，面对日寇侵华，也曾蓄须，以示国破家亡、天地君亲俱没。钱锺书蓄须，当是玩笑之言，只是以此劝慰滕若渠，剃发为僧相大不必，如果你剃发为僧相，我蓄须装老人相，将来相逢恐怕就会不相识了。能以"戏作"形式写诗或作答的大概只有三人，一是钱锺书自己，《槐聚诗存》里收有《予不好茶酒而好鱼肉戏作解嘲》；二是徐燕谋，《槐聚诗存》里收有《戏燕谋》一诗；三就是滕若渠了，但此诗没收入《槐聚诗存》。

1940年夏，滕若渠因故离职而去四川，居家重庆，准备编辑《中国艺术论丛》第二辑，拟收入钱锺书的《中国诗与中国画》一文。后患脑膜炎。半年后，在出院途中因家庭纠纷死于非命。《中国艺术论丛》第二辑便没有编成。

对滕若渠的英年早逝，钱锺书极为伤痛，写下了《哀若渠》五古四首。诗如下：

阙地起九原，弥天戢一棺。
不图竟哭子，恶耗摧肺肝。
不信事难许，欲信心未甘。
子寿讵止此，止此宁天悭。
赴死轨独短，熟视不能拦。
修促事切身，自主乃无权。
亦思与命抗，时至行帖然。
徒令后死者，叩天讼其冤。

昆明八月居，与子得良遘。
真能略名位，新知交如旧。
十九人最少，好句传众口。
别来忽用老，发短面增皱。
撒手子复逝，长往一何骤。
只有赠我篇，磨灭犹藏袖。
乃知人命薄，反不若纸厚。
酸心坡有言，安能似汝寿。

昔者吾将东，赋别借杜诗。
何意山岳隔，生死重间之。
留命空待我，再见了无期。
抚棺恸未得，负子子倘知。
故乡陷豺虎，客死古所悲。
禅智山空好，穿冢傍峨眉。
吾闻蜀有鸟，催归名子规。
魂气无勿之，为鬼庶能归。

17. 哀滕若渠

子尝私于我，诗成子每美。
哭子今有作，诗成子不见。
人死资诗题，忍哉事琢炼。
诗人大薄情，挽毕无馀恋。
即工奚益死，况我初非擅。
聊以抒沉哀，未遑事藻绚。
感旧怆人琴，直须焚笔砚。[4]

钱锺书的这组诗写得沉郁悲痛，感情真挚。第一首，劈面就说，大地上掘出一座坟墓，竟收藏了心志高远的滕若渠。没想到我来哭你，不相信你死是真的，但事实却是真的，要相信你死是真的，但又心不甘。没想到上天竟只给你这么短的寿命，想拦你不死都不可能。只能问天，替你诉说冤屈，为什么这样不公平。这化用了韩愈《祭十二郎文》文句之意："呜呼！其信然邪？其梦邪？其传之非其真邪？信也，吾兄之盛德而夭其嗣乎？……未可以为信也。梦也，传之非其真也……所谓天者诚难测，而神者诚难明矣。所谓理者不可推，而寿者不可知矣。"

第二首，钱锺书回忆自己与滕若渠在昆明相遇而相知，你赞扬我的诗句，至今被人传诵，但你却走得这么急。你赠我诗篇，我会永远珍藏，只是人命不如纸厚，我是否能活得你那样的寿命？

第三首，两年前，我辞别你回上海，临别时借杜甫的诗句来表达心意，而你苦盼我入蜀。今后，却永无相见之时。不能来抚棺痛哭，辜负你的期望。你我的故乡沦陷于日寇的铁蹄之下，你客死于异国他乡，只能葬于峨眉山，这多么令人悲痛。蜀地有鸟叫杜鹃，但你的魂气不要化为杜鹃，化为杜鹃就留在四川了，变为鬼大概能回去。

第四首，你偏爱我的诗作，但今天诗写成了，你却看不到了。人死为他人提供写诗的题材，怎忍心去修饰精炼？即使诗写得再工巧，对死者有什么好处？何况写诗本不是我的擅长。暂且用这诗来抒发我沉痛的心情，没顾得上斟酌辞藻。古有知音已死便摔碎琴的典故，今天我应当为你焚烧笔砚。

这组诗反复咏叹，充分表达了钱锺书骤得滕若渠去世噩耗的伤感之情，追述了两人相识相知的经过，对滕若渠的早逝充满了痛惜。但钱锺书心中的悲痛难以消除，不久，当确定了回上海的路线后，又写了《又将入滇怆念若渠》一诗，表达了对滕若渠的怀念之情。诗曰：

城郭重寻恐亦非，眼中人物憖天遗。
学仙未是归丁令，思旧先教痛子期。
沉魄浮魂应此恋，坠心危涕许谁知。
分看攀折离披了，阅水成川别有悲。[5]

首联说回上海时途经昆明（钱锺书最终是由湖南至广西，再到越南的海防市搭海轮回到上海），城郭可重寻，但人已离去；若渠你这人们看重的人物，多么希望天把你留在人间。颔联说你不要像丁令威成仙后化为仙鹤，飞回故里，如果是这样，你将看到的是"城郭如故人民非"，会更加痛苦；就如伯牙痛失钟子期，我也痛失了你这位知音朋友。颈联说滕若渠的灵魂会留恋此地，但哀伤涕泣有谁知道呢？尾联说想象你我在昆明分别时折枝相赠的柳树，今日也衰残了；人世的更替特别让人悲伤。

《中国诗与中国画》在《国师季刊》发表后，著名历史学家"顾颉刚偶然看到该文，便给钱锺书写信索要，刊登在齐鲁大学国学研究所《责善》半月刊第2卷第10期（1941年8月1日）"。"《中国诗与中国画》大约有9000字，在解放前即受到比较广泛的好评，后来又被收在1947年2月出版的《开明书店二十周年纪念文集》里。该文大概是钱锺书修改、增订最厉害的一篇文章，从《国师》（按：应为'《国师季刊》'）

到《责善》已经有所不同，到《七缀集》中的定本，该文已长达两万余言；文章最后小注，也由最初的 7 条，增加到 37 条。文章最初不分小节，一通到底，定本则析为六个小节。"[6]由此可见，钱锺书也是把它看作自己一篇非常重要的论文多次修改，不断完善。从这个角度说，它是钱锺书与滕若渠友谊的结晶，滕若渠的请求激发了钱锺书学术写作的灵感和热情，催熟了一篇经典论文，使钱锺书学术论文写作发展到一个重要阶段，并从此一发而不可收。

《中国诗与中国画》融通中西知识，追源溯流，对"诗画一律"和"诗画分界"作了深刻的解说，又妙喻连连。之前，钱锺书写过《论俗气》《谈交友》等文章，但这些还只能算是随笔而已。《中国文学小史序论》针对当时文学史写作的状况与存在的问题，阐述了自己的文学史观，其中对文学体制、文学史分期、评价文学作品标准等方面都有独特而深刻的论述，是一篇很有分量的学术论文。《中国诗与中国画》不仅内容上，而且写法上都是对《中国文学小史序论》的继承和发展。如《中国诗与中国画》里"一个艺术家总在某些社会条件下创作，也总在某种文艺风气里创作。这个风气影响到他对题材、体裁、风格的去取，给予他以机会，同时也限制了他的范围。就是抗拒这个风气的人也受到它负面的支配，因为他不得不另出手眼来逃避或矫正他所厌恶的风气"这一观点，就是对《中国文学小史序论》里"……以文学之风格、思想之型式，与夫政治制度、社会状态，皆视为某种时代精神之表现，平行四出，异辙同源，彼此之间，初无先因后果之连谊，而相为映射阐发，正可由窥见此种时代精神之特征"观点的继承和发展。《中国诗与中国画》里"诗和画既然同是艺术，应该有共同性；而它们并非同一门艺术，又应该各具特殊性"的观点，与《中国文学小史序论》里"文章体制，省简而繁，分化之迹，较然可识。谈艺者固当沿流溯源，要不可执著根本之同，而忽略枝叶之异"的观点是一脉相承的。在继承和发展《中国文学小史序论》里的一些观点的基础上，针对具体的研究对象，提出"神韵派在旧诗传统里公认的地位不同于南宗在旧画传统里公认的地位，传统文评否认神韵派是标准的诗风，而传统画评承认南宗是标准的画风。在'正宗''正统'这一点上，中国旧'诗、画'不是'一律'的"；"中国传统文艺批评对诗和画有不同的标准"，"总结起来，在中国文艺批评的传统里，相当于南宗画风的诗不是诗中高品或正宗，而相当于神韵派诗风的画却是画中高品或正宗"。这两篇文章在写法上都是破立结合，中外打通，旁征博引，但《中国诗与中国画》在立论、手法上比《中国文学小史序论》显得更稳妥、成熟。

钱锺书、滕若渠两人的相交虽然短暂，但是感情却深厚。钱锺书在晚年刊印他的诗集《槐聚诗存》时，对早年的诗作多有刊落，然而，他却保留了6首与滕若渠有关的诗，这说明晚年的钱锺书仍然怀念和珍视与滕若渠的友谊。

注释：

[1][4][5]钱锺书. 槐聚诗存[M]. 北京：生活·读书·新知三联书店，2003：36，66-68，69.

[2][6]李洪岩. 智者的心路历程——钱锺书生平与学术[M]. 石家庄：河北教育出版社，2002：184，184-185.

[3]蓝田：国立师范学院. 国师季刊，1940（6）：100.

18. 亲如骨肉

徐燕谋（1906—1986），江苏昆山人，比钱锺书年龄大4岁，两人曾是苏州市桃坞中学（今苏州市第四中学）不同年级的同学。中学毕业后，徐燕谋考入光华大学，成为钱基博的学生。钱锺书撰写的《〈徐燕谋诗草〉序》里说："越一年，君卒业，去入大学，在先公门下，为先公所剧赏；君亦竺于师弟子之谊，余遂与君相识。"[1]1928年，徐燕谋从光华大学商学院毕业。时任光华大学文学院院长的钱基博，力邀徐燕谋返母校任教。1933年钱锺书从清华大学毕业后也来光华大学任外文系讲师。其间，两人多有诗作唱酬常并载于校刊。此时，由相识到相交。

1939年冬，徐燕谋与钱锺书同从上海辗转数千里到达蓝田，任国师英文系讲师。《〈徐燕谋诗草〉序》里说"两次共事教英语，交契渐厚"。特别是在国师，两人的交情超越了一般朋友之情，也超越了知音者之情，进入至亲之情的境界。钱锺书自己在1941年3月写于国师的《〈徐燕谋诗草〉序》里说："……寻间关来湖南穷山中，又得与君共事，南皮坠欢，几于重拾。然皆自伤失地，沉忧积悴，无复曩兴，岂无多士，在我非侪，煦沫嚶和，唯君是赖，文字之交，进而为骨肉，佗傺之思，溢之于篇章。"因此，钱锺书兄事之，即把徐燕谋当作兄长。此时，是由相交进入骨肉至亲的情谊。故钱锺书在1964年写的《答燕谋》有"兄事肩随四十年，老来犹赖故人怜"[2]之句。

徐燕谋兼擅中西文学，并且是一个出色的古典诗人，其诗才与学识，钱锺书亦推崇备至，以为胜于己。钱锺书《〈徐燕谋诗草〉序》中说徐燕谋"于古人好少陵、山谷、诚斋、放翁，于近世名家取巢经巢、伏敔堂。自运古诗，气盛而言宜，排奡而妥帖"。这是说，徐燕谋写诗多效法唐宋诗人杜甫、黄庭坚、杨万里、陆游和晚清诗人郑珍、江湜诸家。他学古人而能自出机杼，自抒性情。徐燕谋早年所作的歌行体很下推敲功夫，钱锺书在《〈徐燕谋诗草〉序》里称其古诗"气盛而言宜，排奡而妥帖"，特别指出《纪湘行》"滔滔莽莽，尤为一篇跳出"。《纪湘行》是徐燕谋记录自己与钱锺书等一行6人从上海辗转到蓝田的长诗（1870字），如大江大河一泻千里，又百回千折，缠绵悱恻。如开头10句："己卯十月吉，戒装我将发。床前拜衰亲，未语词已窒。中闱别吾妇，叮咛到鞋袜。稚子喧户外，行李争提携。离家才数步，已感在天末。"写行前与家人辞别，寥寥几句，如歌如泣，将乱世间远行人难舍难分和前途迷茫的心态表现得淋漓尽致。全诗在记叙艰难的行程中的所见所闻所感，反映了敌寇的凶残、当时内政的腐败、民生的困苦、士兵的疲惫；也表达了对祖国壮美山河的赞颂和对古代杰出人才义士的怀念，是一首史诗般的作品。厦门大学郑朝宗教授在《续怀旧》一文里誉其为"步武杜甫《北征》，在现代人所作古体诗中，当以此首位第一"[3]。

钱锺书还称赞徐燕谋的"近体属词俪事，贴切精工，而澹乎容与，无血指绝膑之态"[4]。在蓝田期间，两人常切磋诗作，讨论文学理论。两人之间的情感、思想常用诗来表达。钱锺书在1941年3月写的《〈徐燕谋诗草〉序》里回忆说："识君二十年，聚散离合，真若过隙，合则为二马之同因，离则为一莺之求友，胥足以发皇诗思。"[5]在此之前，大约在1940年冬，钱锺书看到了徐燕谋的诗稿，并写了一首《题徐燕谋诗稿》的诗。诗曰：

18. 亲如骨肉

> 闭门堪上士，觅句忽中年。
> 难得胶粘日，端能笔补天。
> 琢心一丝发，涌地万汪泉。
> 家法东湖在，西江佐刺船。[6]

第一联，写徐燕谋闭门读书，构思写诗，可称得为"上士"，但人生易过，不知不觉就到了中年（此时，徐燕谋36岁了）。这两句，实际上是赞徐燕谋博学多闻。它用了一个佛教典故。钱锺书在《谈交友》一文中说过这个典故："唐李渤问归宗禅师云：'芥子何能容须弥山？'师言：'学士胸藏万卷书，此心不过如椰子大，万卷书何处著？'"[7]第二联，称赞徐燕谋诗才能补天，古人能歌而响遏行云，而徐燕谋能写出粘住太阳的诗来。第三联，写徐燕谋用心深细，又诗思如泉涌。第四联，是说徐燕谋的诗像宋代的徐俯学黄庭坚那样秉承家法传统。"东湖"，指宋人徐俯，其字师川，号东湖居士，江西派著名诗人之一，著有《东湖居士集》六卷。为黄庭坚外甥，其诗学其舅。早期诗风受黄庭坚影响，崇尚疲硬，强调活法，要求"字字有来处"，提倡"夺胎换骨，点铁成金"。晚年的徐俯，在诗歌创作中力求创新，诗风趋向平实自然，清新淡雅，别具一格。"佐刺船"，意谓帮助撑船，比喻向……学习写诗。宋朝释惠洪《冷斋夜话》："鲁直（黄庭坚，字鲁直，晚号涪翁）谓予曰：'观君诗说烟波缥缈处，如陆忠州论国政，字字坦夷。前身非篙师、沙户种类耶？'有诗，其略曰：吾年六十子方半，槁项螺巅忘岁年。脱却衲衣着蓑笠，来佐涪翁刺钓船。"元好问《赠湛澄之四章》："石门故事君知否，好佐涪翁学刺船。"

大约在1941年春，钱锺书把打算夏季回上海的事告诉徐燕谋。徐燕谋生怕又一次分离，便再将自己的诗稿拿出来，请钱锺书作序。在《〈徐燕谋诗草〉序》里，钱锺书再一次评说徐燕谋的诗作。说徐燕谋在蓝田期间，诗风大变，"化排奡为熨贴，不矜不卓，而自开生面，君诗于是乎名家，而有以自立矣"，并说他研习英国文学，融洽东西文化，诗的题材却取自现实生活，"安于本土，不乞诸邻，雅饬有足称者"。[8]针对当时一些人乐于接受外国的物质文明，而对外国的文学理论、创作方法却拒之门外或只借来炫耀才学的现象，钱锺书提出了自己的文学主张：学习和借鉴外国的文学理论、创作方法要融会贯通，化作自己的灵魂，创作时不分谁我，只为抒发自己的情感而用。"譬若啖鱼肉，正当融为津液，使异物与我同体，生肌补气，殊功合效，岂可横梗胸中，哇而出之，药转而暴下焉，以夸示己之未尝蔬食乎哉？故必深造熟思，化书卷见闻作吾性灵，与古今中外为无町畦。及夫因情生文，应物而付，不设范以自规，不划界以自封，意得手随，洋洋乎只知写吾胸中之所有，沛然觉肺肝中流出，曰新曰古，盖脱然两望之矣。"[9]

写了《〈徐燕谋诗草〉序》后，钱锺书感到意犹未尽，还写了一首《戏燕谋》的诗，继续讨论诗的创作方法。诗曰：

樗园谁子言殊允，作诗作贼事相等。
苦心取境破天悭，妙手穿窬探楔蕴。
化工意态秘自珍，讵知天定还输人。
偶然漫与愁花鸟，奇绝诗成泣鬼神。
此中窃亦分钧国，狡狯偷天比狐白。
诛求造物不伤廉，岂复贪多须戒得。
偷势终看落下乘，卑无高论皎然式。
昌黎窥盗向陈编，太息佳人为钝贼。
凤钦吾子诗才妙，我法行之忽逼肖。
竟如道祖腹中言，可许拂衣引同调。
我欲诚斋戏南湖，君莫魏收斥邢邵。

18. 亲如骨肉

诗窖宵来失却匙,知君不拾道行遗。
无他长物一敝帚,留与贫家护享之。[10]

"樗园"两句,是说"《乾嘉诗坛点将录》有樗园先生题词云:'我谓作诗如作贼,横绝始能跻险绝'"。这说法令人信服。点出诗的中心话题:作诗如作贼。"苦心"两句,言苦思摄取诗境,让上天慷慨相助;运用艺术手法探求意蕴如穿墙偷物一样。这是对前两句的阐释。"化工"两句,言自然的工巧把人物的神情姿态刻画出来的新奇,自然珍贵,怎知上天还会输给诗人。意谓写诗,化工诚然可贵,但诗人的创作更胜过化工。"偶然"两句,言用偶然所得之语把愁赋予花鸟,写成奇妙的诗句来能感动鬼神。灵感加上诗人的技巧,才能写出泣鬼神之诗句。"此中"两句,言写诗如偷,也有窃取国家那样的大偷,偷天的机灵如狐白一样珍贵。意谓取境有高低优劣之别,"偷天"是最珍贵的、最重要的。"诛求"两句,言向自然求取不损害廉洁,怎么还要戒除贪得无厌?意谓作诗须向天地造化中求取,多多益善,不怕贪多。"偷势"两句,言"偷势"也会写出下乘的诗作来,皎然的《诗式》见解也很一般。"昌黎"两句,言韩愈向古籍偷窃陈词旧语,可叹这杰出人才也成了不高明的贼。意谓"偷语"是不高明的模仿、借鉴。"凤钦"两句,言平时钦佩徐燕谋诗才高妙,实施我的"偷天"之法,不注重模仿。"竟如"两句,言竟如老子所说的,你可让我高兴地引为知心朋友。"我欲"两句,言自己效仿杨万里开玩笑说张綎是诗中老贼一样,戏说徐燕谋也是诗中老贼;但愿徐燕谋不要像魏收排斥邢邵那样,排斥自己。"诗窖"两句,言诗窖子的钥匙在夜间丢失,知道你是路不拾遗的君子。意谓徐燕谋作诗的主张和技巧并非是"偷"诗人的,是徐燕谋自己的见解,其诗也并非拾取别人现成的东西写的。"无他"两句,言诗人身无长物,只把自己的艺术主张当作宝贝珍藏,留给自己享用。意谓诗人谦称坚持自己的艺术主张。

中唐著名的诗僧皎然，其《诗式》是唐代诗歌理论的重要著作。他提出著名的"诗有三偷"之说，即"偷语""偷意""偷势"。"偷语"就是仿效别人语句，"偷意"就是袭取别人的意旨，"偷势"就是模仿别人的结构布局。钱锺书认为这"三偷"都还不是最高级的偷。最好的是"偷天"，应是《〈徐燕谋诗草〉序》里所主张的观点：中西融会贯通，化作自己的灵魂，创作时不分谁我，只为抒发自己的情感而用。此诗学主张，目的在强调独创性，反对模仿。他还说："在宋代诗人里，偷窃变成师徒公开传授的专门科学。王若虚说黄庭坚所讲'点铁成金''脱胎换骨'等方法'特剽窃之黠者耳'；冯班也说这是'宋人谬说，只是向古人集中作贼耳'。反对宋诗的明代诗人看来同样的手脚不干不净：'徒手入市而欲百物为我有，不得不出于窃，瞎盛唐之谓也。'文艺复兴时代的理论家也明目张胆的劝诗人向古典作品里去盗窃：'仔细的偷呀！''青天白日之下做贼呀！''抢了古人的东西来大家分赃呀！'还说：'我把东西偷到手，洋洋得意，一点不害羞。'撇下了'惟一的源泉'把'继承和借鉴'去'替代自己的创造'，就非弄到这样收场不可。偏重形式的古典主义有个流弊：把诗人变得像个写学位论文的未来硕士博士，'抄书当作诗'，要自己的作品能够收列在图书馆的书里，就得先把图书馆的书安放在自己的作品里。偏重形式的古典主义还有个流弊：把诗人变成领有营业执照的盗贼，不管是巧取还是豪夺，是江洋大盗还是偷鸡贼，是西昆体那样认准了一家去打劫，还是像江西派那样挨门排户大大小小人家都去光顾。这可以说是宋诗——不妨还添上宋词——给我们的大教训，也可以说是整个旧诗词的演变里包含的大教训。"[11]

用"戏说"的方式来讨论重大的诗歌创作方法，显示两人亲密无间的关系，更显示两人之间的心有灵犀一点通的知音之谊。

徐燕谋博闻强记。由于出身富豪家庭，家里中西方书收藏丰富，为其博览群书创造了有利的条件，同时，也为钱锺书借书、请教问题提供了方便。钱锺书在《〈徐燕谋诗草〉序》里说,徐燕谋家有"良田广宅,可以乐其志者靡勿有。又好聚书,中外三数国典籍,灿然略备,悉假余不少啬,复时时招余饭其寓"。在国师时,钱锺书常说自己虽然年龄比徐燕谋要小,但记忆力却不如他好,常常碰到疑难问题,要向他请教。请看钱锺书于1940年写的一首《赵雪崧有〈偶遗忘问稚存辄得原委〉一诗,师其例赠燕谋。君好卧帐中读书》的诗。诗曰:

> 开卷愁无记事珠,君心椰子绰犹馀。
> 示人高枕卧游录,作我下帷行秘书。
> 不醉谬多宁可恕,善忘老至复何如。
> 赠诗僭长惭颜厚,为谢更生解起予。[12]

赵雪崧是清朝文学家、史学家赵翼,偶有记忆不起来的事情时,就向经学家、文学家洪亮吉(字稚存)请教。赵雪崧为此写了一首诗,原题为《偶有遗忘,问之稚存,辄录示原委,老夫欣得此行秘书矣。无以为报,拟质一事即劳以酒一壶书此为券》。钱锺书把自己比况为赵雪崧,把徐燕谋比拟为洪亮吉。

第一联,是赞扬徐燕谋记忆力强。手中好似有一颗传说中的能帮助记忆的珠子,碰到疑难事情,就以手持弄此珠,便觉心神开悟,事无巨细,涣然明晓,一无所忘。他的心也只像椰子那么大,却可以装得万卷书。"记事珠",传说能帮助记忆的珠子。五代王仁裕《开元天宝遗事·记事珠》:"开元中,张说为宰相,有人惠说一珠,绀色有光,名曰'记事珠',或有阙忘之事,则以手持弄此珠,便觉心神开悟,事无巨细,涣然明晓,一无所忘。""君心椰子",据《五灯会元》等佛籍记载,唐时江州刺史李勃,读书甚多,人称"李万卷"。一次问高僧智常:佛经说芥子纳须弥,未必太玄虚了,这怎么可能呢?智常回答:人说你读书破万卷,你的万卷书在哪？李勃得意扬扬地说：在我脑子里。智常说：你的脑只像椰子那么大，怎么可以装得下那么多书？

第二联，说徐燕谋喜欢卧于蚊帐中读书，常给钱锺书解决疑难问题。这就是钱锺书《〈徐燕谋诗草〉序》里所说的："……君好卧帐中读书，余有不知，叩之，如肉贯串，戏赠云：'示人高枕卧遊录，作我下帷行秘书。'余与君倾心服膺，盖若此者。""行秘书"，称博闻强记的人。唐朝刘餗《隋唐嘉话》（卷中）记载："虞世南……沉静寡欲，精思读书，学富五车。太宗尝出行，有司请载副书以从。帝曰：'不须。虞世南在，此行秘书也。'"

第三联，钱锺书戏说自己没喝醉，记忆出现那么多差错虽不可原谅，但年纪大了，善忘了又能怎么办？《谈艺录》序："余既叹颛愚，深惭家学，重之丧乱，图籍无存。未耄善忘，不醉多谬；蓄疑莫解，考异罕由。"

第四联，言我像赵翼赠诗洪亮吉（晚号更生居士），假冒年长者，自己感到真是惭愧脸皮厚；借赵翼赠诗洪亮吉的典故，是为了感谢徐燕谋像洪亮吉对赵翼那样对待我，能启发我。"解起予"，能启发自己的观念和想法。语出《论语·八佾》："子曰：'起予者，商也，始可与言《诗》已矣。'"何晏集解引包咸曰："孔子言子夏能发明我意，可与共言《诗》。"

其实，徐燕谋更佩服钱锺书。在国师时，两人的诗作常同时刊载在国师的学术刊物《国师季刊》上，对此钱锺书在《〈徐燕谋诗草〉序》里写道："忆君见己与余诗并载杂志，因赋一篇，警策云：'谁言我语胜黄语，敢学严诗附杜诗。'同人莫不击节绝倒。"徐燕谋是把钱锺书比作黄庭坚，把自己当作师法黄庭坚的北宋诗人陈师道。他谦逊地说，自己的诗不能与钱锺书比肩。自己与钱锺书就如严武与杜甫，两人是亲密无间的朋友，但严武的诗作只附在杜甫的诗集后。

钱锺书、徐燕谋两人的性格迥然有别。钱锺书有如杨绛所说的"痴气",有时像调皮的小孩,淘气而恶作剧。"锺书的'痴气'书本里灌注不下,还洋溢出来。我们在牛津时,他午睡,我临帖,可是一个人写写字困上来,便睡着了。他醒来见我睡了,就饱蘸浓墨,想给我画个花脸。可是他刚落笔我就醒了。他没想到我的脸皮比宣纸还吃墨,洗净墨痕,脸皮像纸一样快洗破了,以后他不再恶作剧,只给我画了一幅肖像,上面再添上眼镜和胡子,聊以过瘾。回国后他暑假回上海,大热天女儿熟睡(女儿还是娃娃呢),他在她肚子上画一个大脸,挨他母亲一顿训斥,他不敢再画。沦陷在上海的时候,他多余的'痴气'往往发泄在叔父的小儿小女、孙儿孙女和自己的女儿阿圆身上。"[13]而徐燕谋,"他为人沉默寡言,当座客高谈阔论时,他总是在旁静静听着"[14]。这两个性格互补的人,气味相投,在蓝田常常相处一起谈天说地,论诗作诗。当时,钱锺书住在李园,徐燕谋则住在距离李园400米左右的金盆园[15]。随着年级增多,李园已容纳不下,国师便买下金盆园及附近山地,修建国师二院。当时金盆园一部分房子住国师教师,一部分房子为三青团国师分团部。据吴忠匡在《记钱锺书先生》一文中回忆,"有一次晚饭后,我们同往徐燕谋先生校本部外的金盆园寓处闲话,一些同人围上前来,锺书上下古今,娓娓不倦,到激情处,他挥着手杖,手舞足蹈。到兴尽告别时,燕谋先生才发现他张挂的蚊帐上被戳了好几处窟窿。锺书大笑着拉着我一溜烟跑了"[16]。

1941年夏,徐燕谋大概是生怕与钱锺书再一次分离,便一同历经广西到海防回到上海。钱锺书在震旦女子文理学院担任教授,直到抗战胜利。徐燕谋则重返母校光华大学及光华附中任教。至1942年,因学校为日寇统治,徐遂停止执教。郑朝宗《怀旧》一文里说,当时"但也有坚持民族气节不肯降志辱身的人,如钱先生的总角之交徐燕谋(承谟)先生。"[17]

回到上海一年后,钱锺书写了一首《示燕谋》的诗,回忆两人离开

蓝田回到上海的历程,念念不忘两人有幸同在蓝田共事和相互作诗唱和的生活。诗曰:

> 去年六月去湖南,与子肩舆越万山。
> 地似麻披攒石皱,路如香篆向天弯。
> 只看日近家何远,岂料居难出更艰。
> 差喜捉笼囚一处,伴鸣破尽作诗悭。[18]

钱锺书在《谈交友》一文中说:"真正的友谊的形成,并非由于双方有意的拉拢,带些偶然,带些不知不觉。在意识层底下,不知何年何月潜伏着一个友谊的种子,咦!看它在心里面透出了萌芽。在温暖固密,春夜一般的潜意识中,忽然偷偷的钻进了一个外人,哦!原来就是他!真正友谊的产物,只是一种渗透了你的身心的愉快。没有这种愉快,随你如何直谅多闻,也不会有友谊。接触着你真正的朋友,感觉到这种愉快,你内心的鄙吝残忍,自然会消失,无需说教似的劝导。你没有听过穷冬深夜壁炉烟囱里呼啸着的风声么?像把你胸怀间的郁结体贴出来,吹荡到消散,然而不留语言文字的痕迹、不受金石丝竹的束缚。百读不厌的黄山谷《茶词》说得最妙:'恰如灯下故人,万里归来对影;口不能言,心下快活自省。'以交友比吃茶,可谓确当,存心要交'益友'的人,便不像中国古人的品茗,而颇像英国人下午的吃茶了:浓而苦的印度红茶,还要方糖牛奶,外加面包牛油糕点,甚至香肠肉饼子,干的湿的,热闹得好比水陆道场,胡乱填满肚子完事。在我一知半解的几国语言里,没有比中国古语所谓'素交'更能表出友谊的骨髓。一个'素'字把纯洁真朴的交情的本体,形容尽致。素是一切颜色的基础,同时也是一切颜色的调和,像白日包含着七色。真正的交情,看来像素淡,自有超越死生的厚谊。"[19]

钱锺书与徐燕谋两人亲如骨肉的交情就是这种"素交"。

18. 亲如骨肉

注释：

[1][2][4][5][8][9] 钱锺书. 钱锺书集·写在人生边上的边上[M]. 北京：生活·读书·新知三联书店，2003：225，227，225，229，228，228-229.

[3][14][17] 郑朝宗. 但开风气不为先[M]//郑朝宗. 海夫文存. 厦门：厦门大学出版社，1994：79，73，72-73.

[6][10][12][18] 钱锺书. 槐聚诗存[M]. 北京：生活·读书·新知三联书店，2003：60，63，59，75.

[7][19] 钱锺书. 钱锺书集·写在人生边上[M]. 北京：生活·读书·新知三联书店，2003：79，72-73.

[11] 钱锺书. 宋诗选注·序[M]. 北京：生活·读书·新知三联书店，2003.18-19.

[13] 杨绛. 记钱锺书与《围城》[M]//钱锺书. 围城. 北京：生活·读书·新知三联书店，2007：400.

[15] 原址在今涟源一中在建的体艺综合楼处，为一栋上下两厅堂，中间有一天井、厅堂两旁是厢房的大建筑，样式与今涟源一中西南侧的定为湖南省文物保护单位的谭家花屋是一样的，但规模比它略大，为同一个房主。

[16] 田慧兰，等. 钱锺书杨绛研究资料[M]. 北京：知识产权出版社，2010：70，72-73.

19. 知音朋友

吴忠匡（1916—2002），钱基博光华大学时的学生、国师时的助教，钱锺书的至友。钱锺书来国师之前，两人就认识，但当时两人没有说过半句话。

吴忠匡在《记钱锺书先生》一文中说：

> 我第一次见到锺书，是在辣斐德路（今名复兴路）他老父寓所。他身材并不高大，不肥不瘦，衣裳楚楚。他从外边回来，走向他父亲，向我瞥了一眼，没有理睬我，径自和他父亲谈论船票的事。他事先当然知道我将随侍他老父远行，因此在和老父谈完话离去时，他再次看了我一眼，微微点了一下头。在我这个生人前，他不无矜持。我感到他身上有股兀傲独特的气质。
>
> 我们启程的那一天，锺书兄弟送他父亲上船。结伴湘行的，还有周哲朏、汪梧封、高子毅三位先生（他们已全都离开人世了）。锺书离船之前，和他们一一握手话别，也捏了一下我的手，没有说话，匆匆登了岸。我们就这样相识了，那一年我23岁，锺书29岁。
>
> 1939年冬，为了照顾老父的健康，锺书辞却昆明西南联大的教席，跋涉数千里，也来师院任教，组建外语系，留居蓝田共两个年头。在这两年中，我们一处读书，同桌进膳。我得从

19. 知音朋友

游于他们父子之间,进德修业,实为平生最美好、最值得回顾的一段经历。[1]

据杨绛 2009 年 9 月 12 日给汤晏信中说,在蓝田,吴忠匡的房间在钱基博房间的后面。他称钱基博为老夫子,称钱锺书为小夫子。老夫子每事记在日记上,日记本摊着置放在案头,吴看了日记则每事必报小夫子。他每有困难,便向小夫子求救,钱锺书有求必应,帮他很多忙,他对钱锺书很是服帖,凡事言听计从。[2]

吴忠匡是以大学肄业的学历破格当助教的,按当时《教育部公布大学及独立学院教员资格审查暂行规程》(1940 年 8 月),"讲师须具有左列资格之一"第二条:"任助教 4 年以上,著有成绩,并有专门著作者"[3],就可由助教升为讲师。国师一些青年教师,到期就由助教升为讲师。如石声淮 1942 年下半年留院任助教,大概四年后就升为讲师。但吴忠匡跟随钱基博在国师 7 年一直是助教。这不是吴忠匡学识水平不高,"作为助教的吴忠匡侍奉左右,晨夕相随,帮助钱基博查找资料,誊录稿件,东风化雨,润物无声,在钱基博的引领下,这一时期吴忠匡登堂入室,其学问与思想境界都大为提高。1939 年 5 月,钱基博为国立师范学院学生编写了《国师文范》一书,特地请吴忠匡作序,钱先生作为名动海内的一代宿学硕儒,请一位刚刚二十几岁的青年才俊作序,足见钱基博对这位弟子的激赏"[4]。如果是学历不够,他可以插入国师学习,获得毕业文凭。当时教育部有政策,可以插班学习,国师也接收过从其他学院转来的插班生。但是,吴忠匡没有,这应是受了钱锺书的影响,也许钱锺书讲了他在牛津读书的遗憾:在英国留学时,"杨绛没有在牛津注册为正式生,因牛津学费奇昂,加上导师费实不胜负担,如念别的大学,学费较廉,但两人不能在一起,生活费用也高。考虑结果,杨绛乃申请在牛津及 Exeter 学院两处旁听。因此杨绛在牛津读书就没有像钱锺书那么大的压力，功课也没有那么重。钱锺书与杨绛同在饱蠹楼看书，杨绛自由自在，可有很多时间读一些自己喜欢而在别的地方读不到的书。这一点很使钱锺书羡慕。钱锺书常说，他如有像她那样自由，有那么多时间，则他可以读更多书"[5]。同样，吴忠匡不为文凭读书，可以自由地读更多的书。

1940年，吴忠匡代钱锺书印行《中书君近诗》200份，该书收录1939年冬由上海赴湘途中写的旧体诗。"从此，他每有诗作，我都用夹贡纸（镇上还没有宣纸供应）强他为我录存。他总是欣然把笔，从不推拒。"[6]1941年夏，钱锺书准备回上海，吴忠匡向钱锺书提出把其诗书写给他留作纪念。钱锺书赋诗一首——《吴亚森（忠匡）出纸索书余诗》，诗曰：

吴生好古亲风雅，翰墨淋漓乞满家。
见役吾非能事者，赏音子别会心耶？
声如蚓出诗纤弱，迹如鸦涂字侧斜。
也自千金珍敝帚，不求彩笔写簪花。[7]

第一联是说吴忠匡爱好诗文之事，求得书法作品藏满家。第二联是说吴忠匡求我书法，而书法不是我的擅长，你欣赏我的诗，是有特别知心的理解吗？第三联是钱锺书自谦自己的诗作纤弱，书法如涂鸦。第四联说虽然如此，但自己还是珍爱自己的诗作和书法作品，不追求用辞藻富丽的文笔书写出柔媚的书法作品。"彩笔"，指辞藻富丽的文笔。《南史·江淹传》载，传说南朝江淹少年时，曾梦人授之以五色笔，从此文思大进。其晚年又梦见一个自称郭璞的人向他索还五色笔，从此作诗再无佳句。宋朝晁补之《诉衷情》词句："使君彩笔，佳人锦字，断弦怎续？""簪花"，古代书体的一种，指书法娟秀工整者。明朝王彦泓《有女郎手写余诗数十首笔迹柔媚纸光洁滑玩而味之》(之二):"江令诗才犹剩锦,卫娘书格是簪花。"

钱锺书在诗中是将吴忠匡引为知音朋友的。

钱锺书回上海后,吴忠匡继续在国师任钱基博的助教,并在国师附属中学兼教国文课。1944年秋,因日寇逼近蓝田,国师搬迁到湖南省西部的溆浦县。1945年5月,中国人民抗日战争中的最后一次会战——湘西会战开始,钱基博将吴忠匡推荐给此次会战主力第四方面军总司令王耀武将军做了中校秘书。1947年8月,吴忠匡离开部队先后进入齐鲁大学文学院任副教授、山东省立师范学院中文系任教授。1949年以后吴忠匡辗转各高校,1954年到哈尔滨师范大学任教。蓝田的生活虽是清苦的,但和钱锺书一起共同享受自由读书的快乐,成了吴忠匡一生的一种精神圣地般的回忆。他说:"岁月如流,星移物换,五十几个春秋逝去了,锺书留居蓝田的时间,虽只有短短两年,我和他亲密无间的相处,也不过短短两年,但他在这个小天地的僻阻一角所展现的一个纯粹学者型的独立人格的许多侧面,给予我的印象和观感,却是异常深刻的,难以忘怀的。"[8]1975年吴忠匡在哈尔滨又想起了蓝田的岁月,想起了已故去的老师"煌煌钱夫子",想起了至友钱锺书,便写了一首五古诗《寄怀钱锺书先生》,诗曰:

> 吾怀锺书君,垂老愈恺悌。
> 交期四十年,白首而不易。
> 忆昔湖湘游,弹指忽三纪。
> 当时蓝田镇,人比聚星里。
> 觥觥钱夫子,教诲究终始。
> 诸生皆帖然,冥心契文史。
> 多君飞逸兴,穷山猥玉趾。

风雨比邻居，书帙同卧起。
朝兴恒共餐，夜读每抵几。
馈我珠与玑，消我俗与鄙。
春秋有佳日，且住亦可喜。
或眺林峦美，或临清以驶。
觞咏记西园，联翩时庋止。
钉坐无杂宾，谈笑皆名理。
此情毋或忘，刻骨到没齿。
名师俄宿草，故旧半生死。
人生良苦短，世事岂足恃。
太息念昔游，摧心泪如渖！[9]

1998年12月19日晨，钱锺书逝世。吴忠匡得悉噩耗，悲痛万分，向中国社会科学院治丧小组发来唁电，电文曰："惊闻默存先生之丧，悲痛伤心。六十年来最承教爱，齿耄道修不能赴殡，尤感疚憾。先生聪明精粹，博见强志，是本世纪最大的天才。他对独立思想和自由精神的追求，他考镜源流，辨章学术，综合交汇古今东西的文化传统。诵其著述，想见人德。他的灵魂永远不会死亡。……"[10]

注释：

[1][9]田慧兰，等.钱锺书杨绛研究资料[M].北京：知识产权出版社，2010：66，66.

[2][5]汤晏.一代才子钱锺书[M].上海：上海人民出版社，2006：369，141.

[3]中国第二历史档案馆.中华民国史档案资料汇编（第5辑·第2编·教育）[M].南京：凤凰出版社，1997：716.

[4] 傅道彬. 夜窗风雪一灯青——忆吴忠匡教授[N]. 中国社会科学报, 2013-07-08 (472).

[6][8] 吴忠匡. 记钱锺书先生[M]//田慧兰, 等. 钱锺书杨绛研究资料. 北京: 知识产权出版社, 2010: 71, 74.

[7] 钱锺书. 槐聚诗存[M]. 北京: 生活·读书·新知三联书店, 2003: 70.

[10] 何晖, 方天星. 一寸千思——怀念钱锺书先生[M]. 沈阳: 辽海出版社, 1999: 490-491.

20. 与石声淮

钱锺书来国师时,石声淮是国师国文系大二学生。

石声淮(1913—1997),字均如,湖南长沙人。"先父佣笔于黄河南北,廪禄不足以给家室生资。先母为人绣十字布枕帘囊橐,得值以佐米盐。……先父于1936年1月……弃养。"[1]有兄弟四人。大兄石声汉,留学英国伦敦大学,获植物生理学哲学博士学位,时任同济大学理学院教授;石声淮为老二,其时与母住蓝田;三弟石声河,1940年就读于华中大学;小弟石声泰。

石声淮少时熟读经史,以书为枕,传为美谈。1938年国师入学考试,在国文评阅试卷时,钱基博看到一篇优秀作文,便顺手放在口袋里,随后到院长处,拿出这篇作文说:"江南出才子,又有石声淮。"石声淮刚入学就展示了自己的才华,在《国师季刊》第2、3期,分别发表文章《记本院成立之军训检阅》《九思堂眺远记》和《非乐》。《九思堂眺远记》曰:

> 蓝田在山之奥,而李园居其西,国立师范学院在焉。地势视蓝田为高,而九思堂尤在学院高处;吾辈朝斯夕斯,宜乎高瞻远瞩,左宜右有;而孰知殊不然!盖荆南卑湿之地,风雨冥晦之日多,而天日晴丽之时鲜;少晴,则晨夕岚嶂雾昏,往往蒙无所见焉。昨日之晴,凭九思堂前修槛小立;遥见天之末,

20. 与石声淮

树之隙，有山如屏；而山之隙，又有山，层见叠出，杳不知其所穷；近者如黛，远者浅碧，而尤远者，色在有无之间；浑浑焉，穆穆焉，无诡谲之状，无峭拔之势；有径一线，樵苏蠕蠕，人大如豆；而群渐敷翠，风寒不凋，尤江以北所不见也！彼苍者天，何不作美？往往风雨岚雾为之障翳！此时赏会，亦未易得！独念往昔，与二三故人登妙高峰，西眺落日，东望炊烟，啸歌中宵，为乐何极！今者友朋星散，故园劫灰，追妙高峰之旧游，登九思堂而远眺，逝者如斯，不自知其悲从中来也！[2]

九思堂是国师1939年2月在李园后山新建成的有8间大教室的一栋房子（原址在今涟源市政府档案馆处）。此文用白描手法描绘了晴日在九思堂前远眺所见之景，绘形绘色又绘势，语言生动简练，情景相生。结尾处，宕开一笔，用昔日登长沙妙高峰之乐来衬托今九思堂远眺之悲，有似王羲之《兰亭集序》之乐而悲之叹。文笔老练，似一宿儒之作。

能够接二连三地在校刊上发表文章的学生，毫无疑问是学生中的佼佼者，就像钱锺书在清华大学求学时在《清华周刊》上接二连三地发表文章一样。

石声淮博闻强识，有"活词典"之美称，会英语、德语，同数学系主任李达教授的德国太太用德语交谈时，不但言语流利，而且谈笑风生，挥洒自如。他还弹得一手好钢琴。国师举行音乐会，别人都是西装革履，风度翩翩，只有他仍旧是那件污渍斑斑的蓝布长衫，两只手交叉着插在袖筒里，耸着肩头，慢吞吞地走上舞台，走向那硕大的平台钢琴。看着他那模样，许多人忍不住要笑。然而，当他的指尖一阵清风似的掠过琴键时，半闭着眼睛的听众仿佛徜徉于蓝天白云、垂杨流水之中；当他重重地叩击着琴键，那粗犷豪迈的乐音在人们的意念中，描绘出了一只在暴风雨中翱翔盘旋的海燕。一曲终了，人们如梦初醒地慢慢睁开眼睛，一瞬间的寂静之后，紧接着的是声震屋瓦的掌声。石声淮从琴凳上站起来，微微地一弯腰，一缕头发滑下来，遮住了他的半边脸。[3]他还会画画，吟诵唱诗，声情并茂，确实是一位不可多得的人才。可以看出来，他博闻强识、会多种外语、读书时的出众表现，与钱锺书有相类似的地方，且两人年龄相差不大，钱锺书30岁时，石声淮26岁，应会惺惺相惜。只是钱锺书仪表堂堂，风度翩翩，而石声淮却"一双斗鸡眼，一只鹰钩鼻，一张手掌宽的脸，一缕长发斜斜地遮住半只眼睛；他那很少换洗的蓝布长衫的前襟有一块块的稀饭渍印"[4]。

他们两人当时是否交往过，我们不知道。但是石声淮一定认识钱锺书，国文系第一学年开有"外国文兼作文"课，第二学年开有"西洋文化史"课。当学贯中西的英文系主任钱锺书到校时，石声淮一定很兴奋，一定有一睹这位年轻教授的风采的愿望，一定也有请教的渴望。国师英语学会的会员不限于本系学生，只要有一定英语水平且力求钻研的其他系的同学都可参加，主要活动是读英语原著、报告读书收获、用英语演讲。石声淮完全有资格和能力参加这个学会，特别是当钱锺书来院后，他更会参加，因为这就有机会听到钱锺书教授的指导和演讲。涟源市志办公室退休干部傅定志曾讲过有关钱锺书的另一个故事：一次，钱锺书与几个同事在晚上给学生办讲座，每人各有一篇讲演。演说前，私下里他与同事斗胜：干脆大家都吹熄了蜡烛，不用讲演稿讲。这种方式，对于学生来说更具刺激性，更增吸引力。

钱锺书认识石声淮也是可能的。出众的学生，自然会引起教师们的关注；钱锺书初来时，与国师的学生都住在李园，上课都在李园，图书馆、阅览室都在李园，抬头不见低头见；且那时全校两个年级仅400来名学生。

此时，钱基博还没有选女婿的想法，更没有把石声淮选作女婿的打算。

20. 与石声淮

钱基博想把石声淮选作女婿是在钱锺霞来蓝田之后。钱基博在《金玉缘谱》中说："声淮从学四年，吾观其人，相非富贵，而秉德弗回，持己以介，用情则挚；诸生之中，性行特类我！"[5]

钱锺霞（1916—1985），钱基博四个子女中唯一的女儿，比钱锺书小六岁。钱基博曾是这样向石声淮介绍自己的儿女的：

> 内子王生三男一女。十年之前，长次两男，咸游英伦；季男锺英，侍余负笈。余有四方之志，而不问家人生事谁何；门户支撑，独有老妻！女霞中学毕业，老妻遂留自佐；以故无女大学生之头衔，而亦无女大学生之习气；治家奉母，勤生节用，饭能自煮，衣能自纫；足不履剧场，手不拊赌具，口不衔纸烟；应接宾朋，指麾佣仆，米盐料量，胥女之赖！操作有暇，诗书以娱。吾家藏书多；吾女杂览亦不少；线装之书，耳濡目染；凡有涉猎，靡不通晓！然诵览之书多，而写作之功少；操管濡墨，楚楚大致，足以记姓名，写家信而已，无才为女学士，然不害为良家女！[6]

1940年夏，钱锺书的小妹——24岁的钱锺霞来国师。据李园的后人李忠忻回忆：钱锺霞容貌端丽，身材高挑，楚楚动人，被人称作"钱小姐"。她的到来，在蓝田产生过轰动，远远近近来求婚者络绎不绝，钱基博一概婉言辞谢。钱基博身体不好，上课时，由她代替助教吴忠匡，提着公文包，搀扶着去。此时，钱基博才有了把钱锺霞许配给石声淮的念头。

国师学生，曾与钱锺书"洛阳女儿对门居"的桂多荪在《"国师"初建时期的点滴回忆》一文说："钱基博教授看中了中文系（按：当时叫'国文系'）高材生石声淮。……在一个旧历除夕（按：1940年除夕）晚餐时，请石声淮到他家做客，他当着儿子钱锺书，一手牵着石声淮，一手牵着女儿的手叫他们握手认识。"钱锺书当时是什么心情，我们不得而知。

石声淮在《金玉缘谱》跋里说，钱锺霞来蓝田后，打听到她还未出嫁，回家告母，经母同意，便来求婚。"夫子莞尔曰：'诺！'问于霞，霞婉从父命，谨对曰：'唯。'于是师携手以授以声淮，曰：'善视吾女！'遂申婚姻之好。"[7]1942年夏至这一天，此时国师的第一届学生开始实习（国师学制开始为5年，4年修业期满后，离开学院到其他学校或留院担任实习教师1年），石声淮留在国师实习，当国文系助教，便与钱锺霞正式订婚，确定等抗战胜利后再结婚。钱基博把在蓝田写成的《中国文学史》和《孙武书注》二书手稿，送给女儿做嫁妆，"凡二书之所获，不论国家之学术著作奖金，抑书店之版税稿费，惟尔锺霞实有之！"钱基博还将200余册日记赠予石声淮，"以翁婿言，则觌仪也；以师弟论，则衣钵也！"[8]钱基博还编《金玉缘谱》一册，贻送国师师生及亲友。

杨绛在《我们仨》第三部第七节回忆道：

> 锺书的妹妹到了爹爹身边之后，记不起是哪年，大约是1944年，锺书的二弟当时携家住汉口，来信报告母亲，说爹爹已将妹妹许配他的学生某某，但妹妹不愿意，常在河边独自徘徊，怕是有轻生之想。……我婆婆最疼的是小儿小女，一般传统家庭，重男轻女。但钱家儿子极多而女儿极少，女儿都是非常宝贝的。据二弟来信，爹爹选择的人并不合适。那人是一位讲师，曾和锺书同事。锺书站在妹妹的立场上，妹妹不愿意，就是不合适。我婆婆只因为他是外地人，就认为不合适。……
>
> 我婆婆嘱锺书写信劝阻这门亲事。叔父同情我的婆婆，也写信劝阻。他信上极为开明，说家里一对对小夫妻都爱吵架，

20. 与石声淮

惟独我们夫妇不吵，可见婚姻还是自由的好。锺书代母亲委婉陈词，说生平只此一女，不愿她嫁外地人，希望爹爹再加考虑。锺书私下又给妹妹写信给她打气，叫她抗拒。不料妹妹不敢自己违抗父亲，就拿出哥哥的信来，代她说话。

爹爹见信很恼火。他一意要为女儿选个好女婿，看中了这位品学兼优的讲师，认为在他培育下必能成才；女儿嫁个书生，"粗茶淡饭足矣"，外地人又怎的？我记不清他回信是一封还是两封，只记得信中说，储安平（当时在师院任职）是自由结婚的，直在闹离婚呢！又讥诮说，现在做父母的，要等待子女来教育了！（这是针对锺书煽动妹妹违抗的话）爹爹和锺书的信，都是文言的绝妙好辞，可惜我只能撮述，不免欠缺文采。不过我对各方的情绪都稍能了解。

……………

锺书的妹妹乖乖地于 1945 年 8 月结了婚。我婆婆解放前夕到了我公公处，就一直和女儿女婿同住。锺书的妹妹生了两个聪明美丽的女儿，还有两个小儿小女我未见过。爹爹一手操办的婚姻该算美满，不过这是后话了。

石声淮，1943 年毕业留校任教。钱基博后来回忆说："湖南一住 8 年，到了最后，行动需人照顾，全仗同学们对我爱护，石声淮就是其中的一人。"[9] 1946 年秋天，石声淮侍钱基博就聘于华中大学任教，随后华中大学并入华中师范学院。石声淮 1950 年受聘为副教授，1980 年受聘为教授。他潜心学问，淡泊名利，学为人师，行为世范，是一位令人敬仰的国学名师。

据傅道彬回忆，1984 年 4 月，石声淮指导的几个硕士研究生带着石声淮的书信来到北京拜见钱锺书，并转交石声淮托他们带给钱锺书的一部清代著名学者谭献的日记手稿。钱锺书高兴地拿着手稿,大声招呼杨绛来欣赏。[10]

石声淮的兄长石声汉,为中国科学院西北农业生物研究所研究员,是我国著名的植物生理学家、农史学家和农业教育家;三弟石声河,华中大学毕业后任华中大学历史系教授,1948年病逝;小弟石声泰,在美国获工学博士后留美工作,后回到上海参加新中国建设,是上海冶金研究所著名专家。

注释:

[1] 石声淮. 追思声汉先兄 [M] // 石声淮. 石声淮文存. 武汉:华中师范大学出版社,2016:20.

[2] 蓝田:国立师范学院. 国师季刊,1939 (2):102-103.

[3] [4] 傅业葵. 记实习教师石声淮 [M] // 孔春辉. 师范弦歌——从蓝田到岳麓. 长沙:湖南师范大学出版社,2008:217.

[5] [6] 钱基博. 金玉缘谱 [M] // 石声淮. 石声淮文存. 武汉:华中师范大学出版社,2016:11,11.

[7] [8] 石声淮. 石声淮文存 [M]. 武汉:华中师范大学出版社,2016:14,13.

[9] 钱基博. 自我检讨书 [M] // 钱基博. 钱基博自述. 合肥:安徽文艺出版社,2013:283.

[10] 李洲良. 古槐树下的钟声·序 [M]. 长春:吉林人民出版社,2001:1.

21. 天涯比邻

"烽火连三月,家书抵万金。"友人的信也抵万金。

在蓝田,钱锺书除了同在国师共事的徐燕谋、吴忠匡等朋友密切往来,谈天说地,写诗唱酬外,还与时在昆明的许景渊、上海的冒效鲁、北平故人等互有通信,写诗酬唱。

许景渊(1912—2006),笔名劳陇。翻译家。江苏无锡人。无锡钱、许两家都是历史上的名门望族,过去,世家相互姻娅。

许景渊,1934年毕业于北平海关学院,在上海海关(旧称江海关)做事。自清政府委托英国人管理海关以来,海关的高效清廉在中国是第一的,中国雇员待遇优厚,皆一时之选,英文流利是首要的。钱基博很赏识许景渊,认为他谈吐英爽、酬对得体,亲自为侄女钱锺元做媒。钱锺元是钱基厚的长女,毕业于无锡国学专科学校,自小帮助母亲照料家务,并辅导年幼的弟弟们读书,深得父母欢心。1935年年底,钱锺元、许景渊结婚,钱基厚将此前一年多来双方的议婚函札辑为一集线装书《议婚集》,封面请他们兄弟俩的老师许国凤先生题签,印行一百册,"专证喜盟,亦欲鸡鸣戒旦,夫妇百年永好"。

1938年2月,日本和英国撇开中国,擅自在东京谈判江海关税款保管和支付问题,并签订《中国海关协定》。同年4月28日,南京汪伪政府任命李建南为伪海关监督。当时的国民党政府总税务司署遂决定此日为江海关沦陷日。许景渊转到昆明海关任职,钱锺书在昆明时,他每周都要去看望钱锺书,并向钱锺书学习写旧体诗。后因战争的气氛日炽,许景渊遁迹滇南碧色寨,"蛮山穷居,悒悒寡欢,每托吟咏以遣愁思,辄呈寄先生吟教"[1]。

1940年2月8日是春节。春节后,钱锺书收到当时的堂妹夫许景渊寄来的信,信中有许景渊写的一首诗《碧色寨除夜忆内》:"帘栊独夜已伶俜,又听漫山爆竹声。屈指华年悲苦别,惊心烽火怯孤程。云屏绕梦双红烛,别馆萦愁一短檠。闻说三军新破敌,明年江上看归旌。"诗中蕴含的是深烈的羁旅之情和对新年"看归旌"的渴望。1939年11月7日,日军对晋察冀边区进行冬季大"扫荡",日军中将阿部规秀被击毙。1941年1月,日第11军为了打通平汉铁路南段,解除中国军队对信阳日军的威胁,纠集步兵7个师、骑兵1个旅、战车3个团的兵力,分左、中、右3个兵团,分三路,准备向豫南发起进攻。第五战区司令长官决定采用避实击虚的战略,留少数兵力正面抗击,主力转向两翼,待日军进攻兵力分散之时,从其两侧及背后围歼之。至1940年2月7日,各路日军均撤回信阳附近。这次被称为豫南会战的战役,共毙伤日军9000余人。可能这些胜利的消息,带给流落在异乡的许景渊无比的兴奋,便写信与钱锺书分享。

但身在蓝田这个距长沙战役前线200公里左右地方的钱锺书,就没有许景渊那么乐观。1939年10月7日第一次长沙战役结束。在这次战役中,虽然日军死伤13000人,但中国军队的第九战区伤亡25833人。更何况,1939年11月1日至12月4日,钱锺书一行人从上海辗转到蓝田,一路上体验了"国破山河在,城春草木深",百姓流离失所的苦难生活,对抗日战争的速胜感到迷茫,甚至失望。钱锺书便写了充满愁绪的《镜渊寄示去年在滇所作中秋诗用韵酬之》一诗回寄给许景渊。诗曰:

21. 天涯比邻

入春三日快初晴，又遣微吟杂雨声。
压屋天沉卑可问，荡胸愁乱莽无名。
旧游觅梦高低枕，新计摊书长短檠。
拈出山城孤馆句，应知类我此时情。

这首诗发表在1940年2月出版的《国师季刊》第6期上，收入《槐聚诗存》时改为《山居阴雨得许景渊昆明寄诗》，并且诗句有大改动。修改后的诗曰：

改年三日已悭晴，又遣微吟和雨声。
压屋天卑如可问，春胸愁大莫能名。
旧游觅梦容高枕，新计摊书剩短檠。
拈出山城孤馆句，知应类我此时情。[2]

首联写新年三天后少晴日，每天是阴雨连绵，只能在房中和着淅沥的雨声读书吟咏。颔联说乌云低垂好像压在屋檐上，如果可以问天，冲击胸膛的愁，大得说不出。颈联说想借读书来忘记愁，但是灯油将尽，只能高枕枕头做梦，去寻找昔日我们交流的情景了。言外之意是说"明年江上看归旌"是不可能的。尾联说我此时的心情充满如"山城孤馆雨潇潇"句那样的愁绪。

钱锺书最相投契的朋友是冒效鲁。冒效鲁（1909—1988），字景璠，又名孝鲁，别号叔子。1925年，冒效鲁入北京俄文专修馆学习，5年后以第一名的学绩毕业，即入哈尔滨法政大学就读。1933年随颜惠庆赴中国驻苏联大使馆任秘书职，给大使当翻译。他从杂志上看到钱锺书所写的英文文章，便记下了钱锺书的姓名。1938年，冒效鲁奉调取道欧洲回国，在法国马赛舟中，与钱锺书、杨绛相逢，"对坐甲板上，各吐胸所藏。

子囊浩无底，我亦勉倾筐。相与为大言，海若惊汪洋。哀时忽拊膺，此波看变桑。寻出诗卷示，骛悍乌可当"[3]。两人便成莫逆之交。两人从此诗词唱和往来不断。钱、冒是密友，又是论敌。1939年12月，钱锺书来蓝田任教于国师，冒效鲁写作《送默存讲学湘中》一诗，诗曰："我生寡朋俦，交子乃恨晚。……回思谈艺欢，抗颜肆高辩。睥睨一世贤，意态何瑟僩。每叹旗鼓雄，屡挫偏师偃。光景倏难追，馀味犹谴蜷。"诗的大意是说，冒效鲁一生少朋友，与钱锺书交往是相见恨晚。回想以前两人在一起时，起劲地谈论着诗艺，有时争论得面红耳赤。两人睥睨一代贤士，意态是多么高傲。常常感叹两人是旗鼓相当，多次把对方挫败。这样的光景一去难返，留下耐人回想不尽的意味。

钱锺书来到蓝田后，冒效鲁便将自己写的诗作寄来，与钱锺书交流。钱锺书将自己写的《萤火》诗寄给他，并写有《孝鲁寄示近诗，予最爱其〈雨潦〉一律。因忆君甚赏予〈萤火〉五古赋以答之》一诗，诗曰：

李杜韩黄白陆苏，奇才大句累朝无。
都成异物文将丧，犹有斯人德不孤。
萤火光惭齐日月，潦污水喜类江湖。
纤纤泼墨君家手，烦作云龙上下图。[4]

首联说李白、杜甫、韩愈、黄庭坚、白居易、陆游和苏轼等人都是奇才，其诗篇都是杰出的，历朝历代都没有。颔联说在这样的诗人和诗篇都成了珍稀的东西、文明将丧失之时，仍然还有你这样有道德的人是不会孤单的，一定有志同道合的人来和你相伴。颈联说萤火虫的光比起日月来自然感到惭愧，雨后污水却喜欢像大江大湖那样横流恣溢。尾联赞扬冒效鲁的诗才，说请他用轻巧的手挥洒笔墨，像南宋时期著名书画家陈容绘出一幅气势非凡、上下腾空飞跃的巨龙图那样，写出气势非凡的诗作。

钱锺书与冒效鲁书信来往频繁，不久冒效鲁又来信，并附哭袁伯夔的诗作。钱锺书写了一首长达450言的五古《得孝鲁书却寄》（此诗发表在1940年2月出版的《国师季刊》第6期上，未收入《槐聚诗存》），诗的开头说："得书苦语短，寄书恨路长。争似不须书，日夕与子将。"诗中回忆两人在从欧洲归国的船上相逢相识和论诗的过程，说自己来到蓝田，"秋风吹我去，各着天一方。载愁而携影，来此涸阴乡。弥天四海人，一角闭山房。惟幸亲可侍，不负日堂堂。君平岂弃世，被弃如剑伤。赖子念幽独，不吝寄篇章"。诗的结尾又重复说："寄书恐不达，作书恨不详。安得不须书，羽翼飞子傍。"

重阳节后，冒效鲁又来信，钱锺书酬答一首《孝鲁寄示九日与诸老集二十二层楼诗，念予之道别而伤袁丈之永逝。读而题其后》寄去，诗曰：

> 插萸落帽岂其世，无地登高又以回。
> 几辈海滨能作赋，一峰天外不飞来。
> 市楼得势差如涌，幽抱逢辰强欲开。
> 未待凭栏感兴废，茫茫存殁已堪哀。[5]

当时，蓝田重要的民俗节日是春节、清明、端午、中秋，重阳节一般不重视。1940年重阳节是公历10月9日，查国师大事记，没有关于重阳节举行登高活动的记载。钱锺书可能也没有邀伴登高，故曰"插萸落帽岂其世，无地登高又以回"。在山河破碎的时节，文人登高往往会感叹国家的盛衰兴废，哀叹人世的生死存亡。中间两联是回想以前在上海与诸老、友人登高楼赏景的情景。尾联是写，今年钱锺书虽然没登高，也没凭栏，但心中同样忧世伤时。

钱锺书还把写给徐燕谋的《赵瓯北有〈偶遗忘问之稚存辄得原委〉赋赠七古援例作此赠燕谋。君好卧帐中读书》寄给冒效鲁,此诗收入《槐聚诗存》里,改为《赵雪崧有〈偶遗忘问稚存辄得原委〉一诗,师其例赠燕谋。君好卧帐中读书》,也修改了个别词语。原诗曰:

> 开卷愁无记事珠,君心椰子绰犹馀。
> 衣人高枕卧游录,作我下帷行秘书。
> 不醉谬多宁可恕,善忘老至复何如。
> 赠诗僭长惭瓯北,为谢更生解起予。[6]

1941年春节后,钱锺书把自己写的《除夕》寄给冒效鲁,诗曰:

> 曾闻烧烛照红妆,守岁情同赏海棠。
> 迎送任人天落落,故新无界夜荒荒。
> 拼抛敝履何容颜,替毕良书若有亡。
> 一叹光阴离乱际,不须珍重到分芒。[7]

此诗收入《槐聚诗存》里,改为《庚辰除夕》,也进行了修改。修改后的诗如下:

> 曾闻烧烛照红妆,守岁情同赏海棠。
> 迎送由人天梦梦,故新泯界夜茫茫。
> 污卮敝屣行将弃,残历寒炉黯自伤。
> 一叹光阴离乱际,毋庸珍惜到分芒。[8]

首联说,曾经听说苏轼《海棠》里有诗句:"只恐夜深花睡去,故烧高烛照红妆。"今日守岁的感情也同当年苏轼被贬黄州（今湖北黄冈）时赏海棠一样孤独寂寞。颔联说，新春旧年的交替在一片茫茫夜色中进行，此时老天昏昏沉沉，任由人间送旧年迎新春。颈联说，旧年过去，旧物也将抛弃，残留的时间在寒炉中暗自伤心。尾联说，大家感叹在这离乱时期，无须珍惜分分秒秒，希望这离乱的日子早日到头。

元宵节冒效鲁收到钱锺书所寄的信，读了钱锺书这首诗，和了一首《上元得默存去年除夕诗，辄用其韵寄怀》，诗曰：

　　检书烧烛杜陵狂，不比东坡照海棠。
　　短鬓遐思天渺渺，孤村矮屋月荒荒。
　　宁知世上云翻覆，但问瓶中酒在亡。
　　除夜寄诗元夜到，几回吟罢吐精芒。[9]

钱锺书这四首寄给冒效鲁的诗，都由冒效鲁先后交由《社会日报》发表。[10]

1940年10月6日晚，钱锺书收到故人从北京寄来的信。读后，激起对曾在北京清华大学读书生活的回忆和对当时沦陷于日寇铁蹄之下的人民苦难的同情，于是写了一首《十月六日夜得北平故人书》的诗。诗曰：

　　回首宣南足怅嗟，远书吞咽话虫沙。
　　一方各对眉新月，何日重寻掌故花。
　　秋菊春兰应有种，杜鹃丁鹤已无家。
　　当年狂态蒙存记，渐损才华益鬓华。[11]

首联写在昔日北京文化繁荣之地，今日朋友却在信中诉说着人民被战争摧残的悲惨情景。北京宣武门以南地区，清代被称作"宣南"。当时的人们在宣南的天桥一带进行表演、观看杂耍等民间娱乐，进京赶考的学子也到这里的会馆住宿，于是形成了南城特有的天桥民俗文化、大栅栏商业文化、琉璃厂士人文化的风貌，并逐渐演变为一个具有独特意蕴的地域文化概念，那就是"宣南文化"。虫沙，典出晋朝葛洪《抱朴子》："周穆王南征，一军皆化，君子为猿为鹤，小人为虫为沙。"后因以猿鹤虫沙比喻战死的将士或因战乱而死的人民。唐代诗人罗隐《投湖南于常侍启》："物汇虽逃于刍狗，孤寒竟陷于虫沙。"1940年8月20日至10月上旬，八路军在华北地区对日寇发起的"百团大战"进入第二阶段，日军使用了战争公约所禁止的毒气与生物武器进行反扑。

颔联写自己和北京的故人各对着天上的一轮娥眉月（1940年10月6日，是农历九月初六）思念着对方，哪一天才能相聚北京，一起欣赏北京的丁香花呢？掌故花，指丁香。据民国王逸塘撰《今传是楼诗话》（三四八条）记载，（北京）城西南角太平湖邸"丁香最盛……民七之春，园址新葺，丁香盛开，余柬约都下名士会赏"，"郭垫云作：'绿沈青锁属诗家，此亦宣南掌故花。谁与池台记兴废，尽多车骑斗繁华。妍春到眼寒犹滞，影事沈吟日又斜。玉照堂前惭写照，百年松石对槎枒。'"

颈联是说秋菊春兰应还在，但已是物是人非，人民像杜鹃啼血那样，哀伤自己无家可归。"杜鹃"句，含杜鹃啼血和丁令威化鹤两个典故。杜鹃啼血，传说杜鹃昼夜悲鸣，啼至血出乃止。白居易《琵琶行》："其间旦暮闻何物？杜鹃啼血猿哀鸣。"丁令威化鹤，据东晋陶渊明《搜神后记》载，汉时辽东人丁令威学道于灵虚山，后化鹤归来，落城门华表柱上，一少年欲射它，鹤飞起而歌曰："有鸟有鸟丁令威，去家千年今始归，城郭如旧人民非，何不学仙冢累累！"便冲天飞走了。后常用此典比喻人生的变迁。

尾联是说承蒙故人还记得我当年在清华大学读书的狂态，但现在才华渐渐减少，鬓角白发却增加了。据钱锺书清华大学同宿舍的同学常风

《和钱锺书同学的日子》记载："哲学系给高年级学生开讨论会,教师和学生都参加。每次开会时冯友兰院长都派他的秘书李先生来,请锺书参加。每次开会,锺书回来后都十分得意,因为他总是'舌战九儒',每战必胜。""当小学生到大学生,对于教师总不免要品头论足的。头些年流传着几句话,说是钱锺书说的,清华的几位老教授某某老朽,某某懒惰,又说某某不学无术等等。这些话都是我们在学校时经常谈论的……"[12]

"更能表现他'狂'的性格的,是他几乎不选修什么必修之外的课程。据说,他只选修过杨树达、蒋廷黻和赵万里三位教师的课。对老师的学问漏处毫不客气地予以挑剔,推及一般普通人,就更瞧不起了。据吴组缃回忆:有一次,年轻气盛、仅有25岁的青年教师赵万里(斐云,1905—1980),为钱锺书等一班人讲版本目录学,讲到某书,矜然独断地说:'不是吹牛,这书的版本只有我见过。'课后,便有两位同学议论开了:'这个版本我也见过,同他讲的就不一样。'这两位同学,一位是钱锺书,一位是吴晗。钱锺书并且说:'这个版本我见过好多次呢!'"[13]

对于"狂","钱锺书自己说:'人谓我狂,我实狷者。'狷者,有所不为也"[14]。"狷者,有所不为也",出自《论语·子路》,原文是:"子曰:'不得中行而与之,必也狂狷乎!狂者进取,狷者有所不为也。'"意思是说:如果找不到"中行"的人为友,就与狂狷者交往。狂者敢作敢为,大所有为;狷者清高自守,有所不为。何晏《论语集解》引包咸曰:"中行,行能得其中者,言不得中行则欲得狂狷者。狂者,进取於善道。狷者,守节无为。欲得此二人者,以时多进退,取其恒一。"

钱锺书在《谈交友》一文说,当时在欧洲"本来我的朋友就不多,这三年来,更少接近的机会,只靠着不痛快的通信"[15]。此时,在蓝田的钱锺书,朋友同样不多,与远在天涯的朋友通信虽然不能像促膝娓娓交谈这般痛快,但通信拉近了距离,如同近邻互通音信,多多少少能消解彼此的思念和担忧,特别是在战乱时期。同时,许景渊、冒效鲁和这位北平故人分别从昆明、上海和北京寄信到蓝田，在交通不畅通的情况之下能联系到钱锺书，确实不易。这说明这三人与钱锺书经常通信交往，熟悉钱锺书的行踪。要知道，1940年4月，时任国民党中央组织部部长的朱家骅分别密电昆明、上海等地寻找钱锺书，拟请他陪同戴季陶访问印度，却因钱锺书的去向不明而放弃。实际上，应是杨绛替钱锺书挡了驾，因为"钱锺书坚持不参加任何党派"[16]，杨绛不希望让钱锺书得到这份在有些人眼中是难得的美差。朱家骅发给上海的密电，译转到了"霞飞路来德坊五号钱锺书"。霞飞路来德坊，是杨绛父亲住处，钱锺书回到上海时，与杨绛和女儿住在这里，因为住在辣斐德路的钱家，人多，"挤得满满的"。[17]这电报一定交到了杨绛手中，杨绛便谎说钱锺书去了苏州，而且具体地址不知。因为上海奉命找钱锺书的人给朱家骅的复电是这样说的："朱部长钧鉴：密。嘱转钱锺书先生卯支电，昨日送去后即遭退回。据云钱先生业于前一日赴苏州，约半月始返，因苏州地址不知，无法转送，故卯歌电亦无能传去。如何，请电示为祷。"[18]

这应是"狷者，有所不为也"。

真是心相通，天涯若比邻；道不同，不相谋，比邻犹天涯。

注释：

[1] 刘桂秋. 无锡时期的钱基博与钱锺书[M]. 上海：上海社会科学院出版社，2004：139.

[2][8][11] 钱锺书. 槐聚诗存[M]. 北京：生活·读书·新知三联书店，2003：47，62，60.

[3] 钱锺书. 得孝鲁书却寄[J]. 国师季刊，1940，2（6）：100.

[4] 社会日报，1940-12-19.

[5] 社会日报，1940-12-25.

[6] 社会日报，1941-01-09.

[7] 社会日报，1941-02-16.

[9] 社会日报，1941-02-16.

[10] 刘聪. 续谈《社会日报》上的钱锺书诗［EB/OL］. http：//www. aisixiang. com/ data/85151. html.

[12] 常风. 和钱锺书同学的日子［M］//韩石山. 和钱锺书同学的日子. 西安：陕西人民出版社，2007：6，9.

[13] 李洪岩. 智者的心路历程——钱锺书生平与学术［M］. 石家庄：河北教育出版社，2002：67.

[14]［16］杨绛. 杂忆与杂写：一九九二—二〇一三［M］. 北京：生活·读书·新知三联书店，2015：12，12.

[15] 钱锺书. 钱锺书集·写在人生边上的边上［M］. 北京：生活·读书·新知三联书店，2003：81.

[17] 罗银胜. 百年风华——杨绛传［M］. 北京：京华出版社，2011：84.

[18] 孙彩霞. 陪同戴季陶访印人选之波折［N］. 中华读书报，2013-03-06（07）.

22. 前人是谁

国师《国力月刊》第三卷第 7、8 期合刊（1943 年 6 月 15 日出版）第 23 页上刊载了两首（组）诗。一组为《颂陀表文（丈）惠赠〈黄山雁宕山纪游诗〉〈箫心剑气楼诗存〉并以蒲石居未刻诗属定敬呈二律》，署名"钱默存"。诗曰：

市朝大隐学湛冥，阅世推排验鬓星。
得助江山诗笔敏，难浇垒块酒杯停（丈止酒有诗）。
纫蒲转石征心事，说创修箫足性灵。
此日生涯惭故我，廿年辜负眼长青。

不屑酸吟饭颗山，自然真气出行间。
纸穿用必狮全力，管测文曾豹一斑（丈以余未睹其已刊诗故悉举相赠）。
换骨神方参药转，解尸仙术比丹还。
语言眷属犹堪结，况许姻亲两世攀。

另一首是《大梁刘季高汇所撰读史论兵之文为〈斗室文存〉乞点定赋赠》，署名为"前人"。诗曰：

吾乡老辈差能说，二士风流子得如。

22. 前人是谁

  惠麓酒民托洴澼（袁宫桂《洴澼百金方》），宛溪居士纪方舆（顾祖禹《读史方舆纪要》）。

  千年赴笔论青史，万甲撑胸读素书。

  磊落伊子拼懒废，只供商略到虫鱼。

  解志熙《"默存"仍自有风骨——钱锺书在上海沦陷时期的旧体诗考释》一文中说这"前人"即"钱默存"。[1]诗中"惠麓酒民托洴澼"句是说，惠麓酒民编写了《洴澼百金方》，这是一部汇辑评论历代战略防御的兵书。"惠麓酒民"，是袁宫桂（1736—1795），字阮山，江苏无锡人。"宛溪居士纪方舆"这一句是说，宛溪居士编著了《读史方舆纪要》。这部书着重记述历代兴亡大事、战争胜负与地理形势的关系。"宛溪居士"，是顾祖禹（1631—1692），字复初，一字景范，江苏无锡人。居常熟，后迁徙到无锡宛溪居住，直到去世，故称宛溪先生。毕生专攻史地，以沿革地理和军事地理的研究为精深，历时30余年，编著成130卷、280万字的《读史方舆纪要》。从"吾乡老辈差能说"，可知这两人与诗的作者"前人"是同乡关系，即都是无锡人。而钱锺书是无锡人。

  刘季高是何许人呢？刘季高，1911年出生于江苏镇江。幼时从父受业，由父亲自教诗和古文辞，同时进私塾读书。1931年入江苏省农矿厅（后改为实业厅）担任缮写登记工作，之前他在家一度代理父亲的馆事。1933年，他考入上海中华书局，任文书，得以饱览中华书局图书馆丰富的藏书，尤喜读地理历史著作。1938年，他以数篇论文，获聘为震旦女子文理学院高中部国文与历史教员。两年后担任大学部讲师，讲授中国通史。1943年晋级为副教授。1946年晋级为教授，兼任大同大学国文讲席。1953年9月，任复旦大学中文系教授。

  在《刘季高文存》里，收有《大梁刘季高汇所撰读史论兵之文为〈斗室文存〉乞点定赋赠》这首诗，不过诗题为《刘季高以〈斗室文稿〉

161

见示赋此奉赠》，署名"钱锺书"，诗句略有不同，诗曰：

> 吾乡文献差能说，二老风流子得如。
> 惠麓酒民托洴澼，宛溪居士纪方舆。
> 千年赴笔论青史，万甲撑胸读素书。
> 磊落而今拼懒散，仅供商略到虫鱼。[2]

在《刘季高文存》第 357 页，还有这么几首诗：《赠默存》、钱锺书《酬季高》、《答默存》《答默存见戏之作》《默存以〈谈艺录〉稿见示书此奉赠》。在第 368 页，还有《送默存》《得默存书》《寄默存》《复钱锺书》等诗文。可见两人交往是密切的。蒋凡《记季高先生及其〈斗室诗集〉》一文中说，刘季高"对于友人，以诗共勉，相期断金，其诚挚相知之，自由倾泄而出。如《赠默存》曰：'睹面三年久，相知此日深。才高倾老宿，识透印禅心。月旦严斤斧，文章掷石金。天涯同局处，握手一沉吟。'默存，即现代学术大师钱锺书先生。钱、刘二位先生多有往返赠答之作。锺书先生《酬季高》诗有句：'诗见忧时切，功闻汲古深。群经笥在腹，细律发如心。'又其《刘季高以〈斗室文稿〉见示赋此奉赠》句云：'千年赴笔论青史，万甲撑胸读素书。'对先生的道德学问及诗词文章，给予了恰如其分的评价。钱、刘二先生互为挚友知音"[3]。

高克勤《蔼然长者》一文中也讲述了刘季高与钱锺书的友情，说："刘先生还注意养身。他坚持几十年习八段锦操，还把心得告诉老友：'昔华佗作五禽戏，云可却病延年。后之八段锦、太极拳，皆其俦也。似不妨于太极拳中择其三五节、简易可行者，早夕行之，必有显效，此则所谓培本也。'（《复钱锺书》）"[4]

"前人"，就是钱锺书是没问题的了。大概"前"谐音"钱"。"前人"字面上就是指姓钱的人，是否还有其他含义呢？《谈艺录·诗分唐宋》

有这样一段话："诗自有初、盛、中、晚，非世之初、盛、中、晚。故姜西溟《湛园未定稿》卷四《唐贤三昧集序》，即诘驳牧斋，谓：'四唐不可以作诗者之年月论。如毛诗作诵之家父，见於桓公八年来聘、十五年来求车，为周东迁后人，而其诗不害为小雅。黍离行役之大夫，及见西京丧乱，为周东迁前人，而其诗不害为王降而风'云云。"[5]"前人"的出典可能在这里，其含义指目睹国家昔盛今衰、见证丧乱之人。或许"前人"也与钱锺书的小名有关。杨绛《记钱锺书与〈围城〉》："他出世那天，恰有人送来一部《常州先哲丛书》，伯父已为他取名'仰先'，字'哲良'。可是周岁有了'锺书'这个学名，'仰先'就成为小名，叫作'阿先'。但'先儿''先哥'好像'亡儿''亡兄'，'先'字又改为'宣'，他父亲仍叫他'阿先'。"[6]"前"与"先"有意义相近的义项，"前人"可能就是"仰先"的小名的替代。

但是，"前人"就是钱锺书吗？

我们查阅《国师季刊》后发现，在钱锺书来国师任教前的《国师季刊》第4期（1939年8月出版）就刊载有三首署名为"前人"的诗。其一、其二：

赠国师同人

前　人

结绿悬藜难比肩，由来美玉产蓝田。
国师故试好身手，不种璠玙植少年。

山城讲学如孤军，不问兴衰且避秦。
却喜桃源有路在，我来万里挹清芬。

其三：

蓝田至湘潭铁道已通车月余因防寇至复毁路基沿途见道倾桥圮之状为之怆然

前　人

蓝田深锁万山中，铁道西延粤汉通。
行旅方欣周道坦，烽烟忽撩豕蛇凶。
路工撤路痛彻髓，军略治军首御攻。
他日腥膻一洒尽，岗峦重现起长虹。

这三首诗的风格与钱锺书的诗大不同，一眼可看出这不会是钱锺书的诗。特别是其三，写的是诗人所见之事，但钱锺书没有亲眼见过"蓝田至湘潭铁道已通车月余因防寇至复毁路基沿途见道倾桥圮之状"。1938年湘黔铁路从湘潭修到了蓝田，据颜克述《国师补行开学典礼的素描》载，1939年1月14日通车到蓝田，但至1939年4月2日，因防日本帝国主义西侵而将铁轨拆除了，通车不久的湘黔铁路便中断了。[7] 而此时，钱锺书正在昆明西南联大任教。所以这"前人"绝对不会是钱锺书。那么，他是谁呢？

在《国师季刊》第4期刊载署名为"前人"的《赠国师同人》二诗的后面，还刊载了钱基博、钟泰、周瀓、章慰高、吴忠匡等人唱和的诗。现录钱基博的唱和诗如下：

步孟参事留赠同人两绝原韵

钱基博

雪白头颅敢息肩，筹边还要垦心田。
东人漫自诩身手，烈士壮心有暮年。

杀敌高歌十万军，户三亦见楚亡秦。
俛俛我仰丈夫孟，养气知言吐遐芬。

22. 前人是谁

步孟参事韵意有未尽再足两绝

钱基博

莫指桃源笑拍肩，胡尘处处起桑田。
清谈误国寻常事，伫见英雄出少年。

漫说邯郸百万军，鲁连义不帝强秦。
海东报道风波恶，欲蹈无从挹古芬。

原来此"前人"为孟参事——孟寿椿。据国师大事记载，1939年7月9日，当时的教育部派孟寿椿参事来国师视察工作，吟诗留别。7月15日，孟寿椿参事离开国师去离蓝田15公里左右的杨家滩，湘黔铁路要从那里经过。[8]

《国力月刊》第二卷第12期（1942年12月20日出版）第35页上刊载有下面这首诗：

读默存先生夜坐诗依韵寄怀

前　人

东山丝竹失豪吟，晚笛残惮（蝉）共苦音。
万里羁愁疑世隔，两年离思比秋深。
道微何似居夷日，云郁宁无出岫心。
飞梦不知兵阻道，平安私祝到而今。

这"前人"应不是钱锺书，是谁有待考证。

还有刊载在《国力月刊》第二卷第5期（1942年5月15日出版）第21页上的下面这首诗：

晓望和郁青

前 人

万谷天声会一溪，村墟零落晓烟迷。
得年木石藏魑魅，失侣波涛泛鹏鹎。
山近地卑无美竹，俗顽民怠遍荒畦。
与君同抱居夷憾，嶂叠崖危慎勿跻。

（口粤北中大）

这"前人"是谁，也须考证。从诗后括号里的注来看，作者应是中山大学的教师或学生，极有可能是从国师转学去的学生。1940年春国师爆发持续10多天的学潮，开除或退学了10来个学生，但院长廖世承秉承"仁爱"精神，事后，尽力帮这些学生联系学校，转学或插班到有关高等院校去继续读书。廖世承院长在71次纪念周演讲《赴渝杂感》第四点"为退学生请求"时说："院中宽大为怀，曾函请中山大学收容除名及退学诸生。中大谓须有部令，方可收纳。我此次到渝，曾面恳部长次长设法成全。部长次长意，退学诸生，可法外有情，去电中大……"[9] 1938年10月，日本侵略者由大亚湾登陆进犯广东，10月21日广州沦陷。侵略者兵临城下之际，中山大学紧急撤离，西迁至云南澄江。1940年8月，在代理校长许崇清带领下，中山大学又回迁至粤北重镇乐昌坪石镇和周边各地。直到1944年年底战火逼近，中山大学再次迁校至梅州。诗中描写的是中山大学在粤北重镇乐昌的情景。所以，这"前人"绝对不会是钱锺书，钱锺书此时困在上海，任教于震旦女子文理学校。

注释：

[1] 解志熙."默存"仍自有风骨——钱锺书在上海沦陷时期的旧体诗考释[M]//

22. 前人是谁

解志熙. 文本的隐与显: 中国现代文学文献校读论稿. 北京: 北京大学出版社, 2016: 424 (脚注①).

[2][3][4] 刘芳苏, 陈尚君, 等. 刘季高文存[M]. 上海: 上海古籍出版社, 2009: 357, 452-453, 472.

[5] 钱锺书. 谈艺录[M]. 北京: 生活·读书·新知三联书店, 2007: 3.

[6] 钱锺书. 围城[M]. 北京: 生活·读书·新知三联书店, 2007: 389.

[7][8] 吴勇前. 辉煌苦难 11 年——中国第一所独立师范学院史[M]. 长沙: 湖南师范大学出版社, 2017: 7, 284.

[9] 蓝田: 国立师范学院. 国立师范学院旬刊, 1941, 6 (41).

23. 漫卷诗书

钱锺书辞职回上海,一般认为是要与妻子女儿团聚,然后去西南联大任教。但吴学昭《吴宓与陈寅恪》第 103 页一段记载:"父亲与寅恪伯父都认为钱锺书'人才难得'。……1940 年春,父亲因清华外语系主任陈福田先生不聘钱锺书,愤愤不平,斥为'皆妾妇之道也'。他奔走呼吁,不得其果,更为慨然,'终憾人之度量不广,各存学校之町畦,不重人才也。'又怨叶公超、陈福田先生进言于梅校长,对钱等不满,'殊无公平爱才之意……'寅恪伯父同意父亲的看法,但劝导父亲冷静对待。据 1940 年 3 月 12 日《雨僧日记》:'寅恪教宓"不可强合,合反不如离"。'1940 年 11 月 4 日,父亲'赴 F.T.(陈福田)请便宴,商清华系事。……席间议请(钱锺)书回校任教。忌之者明示反对,但卒通过'。父亲与寅恪伯父稍感宽慰,但钱君已不愿返回。"[1] 其实,钱锺书辞职还有一个重要的政治原因。1939 年 10 月,《教育部为国民党六中全会撰写的教育报告书》"甲．高等教育"第(4)条"改进专科以上学校训育"说:"专科以上学校在组织上既须设立训导处,教育部呈准中央执行委员会组织专科以上学校训导人员资格审查委员会,颁布条例,审查训导人员之资格。凡国民党党员曾任大学教授或专科学校专任教员二年以上,著有成绩,学望品行足资表率,经审查合格者,得充任大学训导长或专科学校训导主任。国民党员在国内外大学毕业,曾任专科以上学校助教,经审查合格者,得充任专科以上学校训导员。近已令各校呈荐训导员人员资格备审。"[2] 根据当时国民党中央的决

168

定，任专科以上高等院校的主任级职务的人或导师都必须是国民党党员。如果不是，必须两年内参加中央训练委员会训练团党政训练班的受训，然后加入国民党。到1941年暑假，钱锺书任国师英文系系主任和导师已两个年头了，如果要继续聘任，下半年就必须去参加中央训练委员会训练团党政训练班的受训，并加入国民党。对此，"坚持不参加任何党派"[3]的钱锺书是坚决不会干的，于是，就只能辞去英文系系主任之职。1941年下半年，钱基博也是因为这个原因，借口健康原因辞去了国文系主任和导师一职（系主任一定要当导师），接替国文系系主任的刘异比他年龄更大，已是58岁之人，并且身体可能不健康，担任系主任后不久就去世了。从国师档案中可看到，1941年7月18日有一份国师呈教育部文案："兹遴选本院教授公民训育系主任袁哲、暨史地系副教授萧熙群两员参加第十六届党政人员训练……"[4]

1941年暑假一到，钱锺书就决计回上海。怎样回上海呢？1940年暑假那条没走通的回上海的路线肯定不能再走，1940年张贞用那条经浙江宁波再到上海的艰险路线，肯定也不敢走。他可能选择从蓝田涟水河坐船向东到湘潭，涟水河在湘潭县汇入湘江。然后坐船溯湘江而上，通过灵渠到广西，再转越南的海防市乘轮船回上海。这应是经过史地系教师的指点选择的路线。

临行之前，钱锺书将《谈艺录》的原稿本"付忠匡藏之"，与朋友、学人告别，写有《留别学人》诗一首，诗曰：

> 担簦挟筴集英才，漫说春风到草莱。
> 偶被天教闲处著，遽看朋误远方来。
> 黄茅白苇腾前笑，积李崇桃付后栽。
> 转益多师无别语，心胸万古拓须开。[5]

钱锺书在蓝田

首联说担着书箱、行李，国师汇集各方英才，就像春风吹到了荒芜之地。颔联说诗人自己偶然被上天安排在这清闲之地，朋友们认为我仓促远来蓝田是错误的。颈联说自己学识不广博，以前就被人嘲笑过（李洪岩《智者的心路历程》第 99 页说："钱锺书在昆明教书很不愉快，因为叶公超对他深受学生欢迎这一点产生了妒忌……"）；我离开后，培养人才的事只能留给后人去做。尾联说在这留别时刻，没有其他话相赠，赠给一句杜甫的"转益多师"；希望你们拓宽自己的胸怀，吸纳古今知识。这首诗应是写给为他送行的学生的，师生相别，依依不舍，叮嘱勉励。

临行前的晚上，突然下了一场大雨，就如杜甫闻官军收河南河北那样，钱锺书"漫卷诗书喜欲狂"。远行，谁都希望是晴天，为什么会因下了大雨而兴奋呢？这是因为平时涟水河水浅而滩多又险，从蓝田到湘潭这段水路行船艰难。当时有一首民谣叫《涟水行船歌》是这样描写从水路蓝田到湘潭的艰险的：

蓝田开船石马山，八坝乌鸡奔长滩。
撞钟打鼓支福寺，墨墨巴黑包围山。
管子坝来出河口，秤石滩上挂桨走。
下了秤石放了心，光中潭内吃点心。
娄底高车黑石边，好比矮子爬楼梯。
西洋有个难爬湾，死牛难下老君滩。
过了大边又小边，六月吃新早禾边。
牛婆凶来菜油滩，请问老板湾不湾。
谷水不是湾船埠，下面湾到古稀渡。
七里塘来八里坝，七八十五猫公坝。
羊古寺来皂角滩，起眼看见观音山。

23. 漫卷诗书

雪家渡口鸬鹚滩，来到溪口湾不湾。
风伏湖广响如雷，好比神仙下凡来。
带好帽子穿好衣，水府庙内还神鸡。
还了神鸡放了心，斗盐潭中吃点心。
吃了点心滔滔过，起眼看见杏子铺。
杏子铺来大码头，花家窑内烧石灰。
石灰烧鸡白又白，下面就是观音石。
观音石来水又流，下去就是王沙洲。
王沙洲来水又陡，剃掉胡子往江口。
江口有个鲶鱼滩，斧头凿子木皮滩。
鲤鱼滩边有柴买，称肉打酒到洋潭。
会打官司何家埠，篾织缆子邓司渡。
油萝倒在滑石滩，六月口干奔茶湾。
潭市有个观音阁，买米买盐要上坡。
装好米来包好盐，一把桨来到西天。
西天脑上打口泥，老板架的抽底船。
新打剪刀叉子口，腊月开花梅子湾。
挖烂耙头是山枣，人字一直下大滩。
朱桥渡来鹞子岩，芭蕉港内出松柴。
载起松柴摇一摇，下面就是杨家桥。
杨家桥内出灯笼，同心合力一条心。
莫说湘乡无景致，有个定石照孤洲。
学门前来唐家滩，七里三分铜钱湾。
乌鸦鸟来啄一嘴，太白杨泗在石潭。
石潭下面南北塘，姜畲街上好姑娘。
落笔渡来寻笔港，袁家河上听碓响。

左一湾来右一湾，湾出河口是湘潭。

湘潭有个杨梅洲，斧头凿子不停休。

湘潭有个十八总，一座宝塔像支笋。

湘潭好似小南京，码头湾船乱纷纷。

（收集整理：杨建平　李朝华）

近代新闻史的一代著名报人、社会活动家、史学家、诗人李抱一，是今湖南省新邵县坪上镇长塘村人，距蓝田不远。他写了一篇《涟水舟行半月记》，记叙涟水乘舟去省城长沙的艰险经历：民国"二十三年十月二十二日，予由安化蓝田市买舟下省。……涟水上游，高江急峡，如逢春涨，日可行一二百里。秋水既落，石骨森立，最浅处仅数寸，舟如胶结。舟人往往脱裤负之前趋，于喁之声满江。沿江多筒车，车水以灌田。一车必有坝，日逢车数十，坝亦数十。蓝田以下坝至高者，为大乌鸡坝、小乌龟坝。高各数尺，悬溜如瀑，当湍之处，仅容一艘。上行船最难，须数十百人缆牵始可徐上。缆粗如儿臂，石受啮处，缝深数寸，[非]积人之力，当不可已。故常须集多船，通力合作，始敢从事。下行船遇之，遛不能行，动须后半日。亦尝积泊至数十，满江舟楫，不辨上下，凌乱咽溢，更难通矣。故蓝田船以乌龟坝为一关。乌龟坝较乌鸡坝更高。水如过浅。则须封坝，封一坝不足，更须历封以上各坝，远至于十数里外。候其蓄水已满，以次决之，舟始乘流下行"。这天"乘流顺进，未逢阻遏。一日行五十余里"。如果不顺利的话，则一日"行三十里"。有时，水浅，要等封坝蓄水，"往往胶守六七日"。这一次，李抱一"离家八日，仅行一百余里至于娄底"。[6] 平均一天不到20里，这对归心似箭的人来说，会是何等痛苦的事！

幸好天下大雨，涟水河就好行船了，"日可行一二百里"！说不定钱锺书一边吟着杜甫的《闻官军收河南河北》一诗，"剑外忽传收蓟北，初

23. 漫卷诗书

闻涕泪满衣裳。却看妻子愁何在，漫卷诗书喜欲狂。白日放歌须纵酒，青春作伴好还乡。即从巴峡穿巫峡，便下襄阳向洛阳"，一边拿出收好的笔墨，挥笔写了《骤雨》一诗，这是钱锺书在蓝田写的最后一首诗。诗曰：

> 大暑陵人酷吏尊，来苏失喜对翻盆。
> 雷嗔斗醒诸天梦，电笑登开八表昏。
> 忽噫雄风收雨脚，渐蜷雌霓接云根。
> 苍苍似为归舟地，试认前滩水涨痕。[7]

首联说暑热侵袭人体像执法严苛的酷吏不可亲近；倾盆大雨带来的喜悦，就如百姓盼望明君来解脱其苦难。"酷吏尊"，像执法严苛的酷吏不可亲近。"尊"，此指敬而远之。"来苏"，形容百姓盼望明君来解脱其苦难。语出《尚书·仲虺之诰》："徯予之民，室家相庆，曰：'徯予后，后来其苏。'"南朝虞和《明君大雅》："民庆来苏日，国颂熏风诗。""失喜"，喜极不能自制。颔联描写雷霆发怒突然把天神从梦中唤醒，闪电撕开了八方之外的昏暗。颈联描写大风吹开了黑云，大雨停了，彩虹从深山高远云起之处飞架天空。尾联借想象抒发喜悦之情：试认眼前河滩涨水的痕迹，苍茫一片，好似归舟之地的长江口。

骤雨是一个好征兆，这次回上海会是一帆风顺，钱锺书怎不"漫卷诗书喜欲狂"？

注释：

[1] 李洪岩. 智者的心路历程——钱锺书生平与学术[M]. 石家庄：河北教育出版社，2002：87-88.

[2] 中国第二历史档案馆. 中华民国史档案资料汇编（第5辑·第2编·教育）[M]. 南京：凤凰出版社，1997：244.

[3] 杨绛. 杂忆与杂写：一九九二—二〇一三[M]. 北京：生活·读书·新知三联书店，2015：12.

[4] 湖南省档案馆档案：全宗号61，目录号1，案卷号1.

[5][7] 钱锺书. 槐聚诗存[M]. 北京：生活·读书·新知三联书店，2003：70，71.

[6] 李抱一. 文史杂著[M]. 长沙：湖南人民出版社，2009：202-205.

后 记

1992年我在湖南师范大学参加湖南省高考语文阅卷，住在学生宿舍里，在床铺上拾到一张《湖南师范大学校报》。在报纸的中缝处，有一篇短文，是介绍《围城》的。我从文章中知道了钱锺书在国师任教过，而国师于1938年创办于今涟源蓝田；《围城》是钱锺书以自己与朋友一行人从上海辗转来蓝田任教的经历为素材创作的。于是，我从湖南大学广场前的自卑亭的书摊上买了一本《围城》来读，从此对钱锺书、《围城》和国师发生了研究的兴趣。

1993年，我从位于山区的涟源六中调入位于市区的涟源十中，1997年调入涟源一中，这为研究钱锺书、《围城》和国师带来了方便，涟源一中的校园就是原国师二院的院址。

2003年，在新一届高一学生进校的第一堂语文课上，我向所任教的两个班的学生介绍教育部颁布的语文教学大纲指定的高中生必读的文学名著。当介绍到《围城》时，我说："《围城》的作者是钱锺书，他被人誉为一座'文化昆仑'。60多年前，钱锺书在我们这座校园里讲过学，著过书，散过步，可能就站在我们这间教室的地方上过课。《围城》里描写了一座'三闾大学'，它的原型就是国立师范学院，国立师范学院的大部分校址就在我们今天的校园里。"这一下子就激发了学生阅读《围城》的热情，并迅速扩散到全校。学校门口的书店里和书摊上的《围城》一下子就卖光了，并且多次进书，多次脱销。

随着阅读的深入，同学们也产生了一些疑问和兴趣，如《围城》里有关"三闾大学"的一些景物描写有没有原型？如果有原型的话，能否找到它们？于是，我因势利导在所教的两个班里成立了《围城》研究性学习课题小组，组员有王子林、刘红平、肖华、汪思、肖菲辉、刘灿霞、石巧、李桥林、刘增兵、谢荣、梁黎、吴雁群、周瑜、邱慧、李燕、李娟、李曙明、江常权、张湘艳、龙好为、李原风，等等。

同学们利用课余时间，走出学校这座"围城"，去寻访有关国师的遗迹，搜集有关国师的故事；去寻访钱锺书的足迹，寻访《围城》里有关"三闾大学"景物描写的原型。

60多年，已是沧桑巨变了，要寻访这些谈何容易呢？但皇天不负苦心人，同学们经过辛勤寻访，终于大有收获。他们寻访到了当年在国师当过理发工的李中文老人，他带领同学们在校园里和校园附近一一指点国师的遗址，讲述国师的故事。如讲一位国师的老师对贫苦的老百姓特别好，常用自己的钱周济穷苦人。有人问他怎么有那么多钱，他就说这钱是他母亲寄给他的，他用不了这么多。今天想来这人肯定是地下党员，这"母亲"可能是指"党"。还说一次因战事紧张，教师的薪水无钱发放，老师们就吃了一个月的南瓜。他们寻访到了辛亥革命元勋李燮和的孙子李中忻老人，国师开办之初是借李燮和的家——李园做校舍，钱锺书就住在李园。他给同学们提供了许多宝贵的资料，提供了许多寻访的线索。他们寻访到了国师教师——90多岁的梁世德老人，他曾是台湾地区民意代表，正好回故乡探亲，他讲述了在那战乱的年代国师开办的艰难，国师新建的校舍都是用泥土砖砌的，学生宿舍的墙就是用竹篾片织成，再敷上一层泥巴，为了防日机侦察轰炸，墙壁都刷成黑色。他们寻访到了国师学生、后为湖南人文学院教授的刘绍东老人，寻访到了曾在国师当过旁听生的蒋三老人，讲述了国师汇集了一大批著名学者教授，除钱锺书父子外，还有廖世承、李剑农、董渭川、孟宪承、高觉敷、郭一岑、朱有光、谢扶雅、汪梧封、储安平、刘佛年、熊德基等，在战火连天的艰难岁月里，为国家培养了一大批人才。他们寻访到了曾租借民房给国师做教师宿舍的房东的儿媳妇——一位80多岁的老人，她向学生们讲述她眼中的国师师生：她和租住在她家的从上海、江浙一带来的教授们虽然互相之间话语难懂，但关系非常好，她每天给那些教授担水，教授们除了付工钱外（一担1分钱，当时蓝田的鸡蛋一个2分钱），有什么好吃的，也常给她吃；教授们要买什么荤菜，总是托当地人从几里外的镇上捎回来；教授们上完课回来，就是在房里看书写字，从不打扑克和打牌；每天早晨和黄昏时，她屋前的田埂上总有学生在读书，在吟诗，在哇啦哇啦读什么外语。这是同学们寻访到的另一座"围城"，读到的另一部"围城"。如果钱锺书说他的《围城》是写人性的一面，那么同学们寻访到的是人性的另一面。

他们寻访到了《围城》里写"三闾大学"是一座"摇篮"的原型：《围城》里写这"摇篮也挑选得很好，在平成县乡下一个本地财主的花园里，面溪背山"。"平成"，是"平安成化"之意的缩语，即暗指安化县；"花园"就是指李园；"溪"就是学校后面的升平河；"山"就是校园里的光明山。他们寻访到了《围城》里所写的"汪家租的黑砖半西式平房是校舍以外本地最好的建筑，跟校舍隔一条溪"的原型：这建筑就是学校附近的"德志园"。他们寻访到了《围城》里所写的"水涸的时候，大家都不走木板桥而踏着石子过溪……"的原型：这木板桥确实有过，国师时，附近一个村民为了方便国师的师生过溪，在今光明山社区（原蓝郊村）李家院子前的河湾处架了一座木板桥，这座木板桥后来被洪水冲走了。他们寻访到了《围城》里所写的"表上刚九点钟，可是校门口大操场上人影都没有……四野里早有零零落落试声的青蛙……"的原型：这大操场就是学校前不远处的大操场，国师时，这里是一片田野。

通过寻访，同学们感受到脚下这一片热土所蕴藏的深厚的文化底蕴，感受到《围城》是留给涟源的一笔宝贵的文化遗产，是一笔大有开发价值的旅游资源。于是，他们把寻访得来的资料进行整理，还上网搜集了许多资料，综合起来，写了《借〈围城〉丰富涟源旅游资源，提高涟源文化品位》的报告，分别呈送给涟源市市委、市政府和娄底市市委、市政府，得到了时任娄底市市委书记的赞扬，其委托娄底市信访局给课题组回了一封信，对课题成果予以高度评价，并批转涟源市市委和市政府采纳同学们的建议。

后来这个课题获湖南省 2004 年度中小学生研究性学习成果二等奖。2005 年，湖南教育电视台来涟源拍摄反映抗日战争时期教育事业状况的专题片时，吸收了这个课题的一些成果，并对这个课题组进行了采访。后来，涟源市广播电视台也就这个课题拍了一个专题片。

在他们高中的最后一堂语文课上，我向所任教的两个班的学生宣布了一个好消息："中央电视台中文国际频道《走遍中国》栏目将利用我们《围城》课题的成果拍摄一个专题节目，并在高考后一天邀请课题组的同学参加拍摄。"这消息使教室里一下子沸腾起来。

2006 年 6 月 9 日，刚从高考考场走出来的课题组的同学们，以轻松愉快的心情参加了中央电视台《走遍中国》栏目组《说不尽的〈围城〉》专题节目的拍摄。

这对钱锺书和《围城》的研究还只是开了个头。我认识到要深入研究《围城》，必须先研究国师。随着网购书籍的方便，我陆续搜集并购买了大量有关国师、国师师生和研究钱锺书、《围城》等方面的书籍资料，多次上湖南省档案馆查阅和抄写资料。2013 年退休后，我继续进行这方面的研究。2014 年，"国立师范学院对湖南教育与文化的影响的研究"获批准立项为湖南省教育科学规划课题省级一般资助课题。经过这 10 多年的研究，取得了一些成果，也产生了一些社会效益。《寻访另一面的"围城"》一文发表于 2007 年第 4 期《语文学习》上；涟源一中校史文化墙、国师广场的建设、涟源市国师路国师文化墙的建设都采用了我们的一些研究成果,并参与谋划、撰写文案;上海电视台拍摄《钱锺书》,湖南卫视、湖南教育电视台拍摄抗日战争胜利70周年专题片,中央电视台拍摄有关宣传涟源的专题片都采用了我们的一些研究成果。2012年笔者与涟源一中副校长吴兆初获邀参加上海师范大学纪念廖世承诞生120周年纪念活动,论文《从廖世承多次辞职看国立师范学院办学的艰难》入编《纪念廖世承诞生120周年论文集》,编辑老师称其为最有分量的一篇论文。2017年4月由湖南师范大学出版社出版了一部37万多字的《辉煌苦难11年——中国第一所独立师范学院史》,论文《钱基博、钱锺书父子与曹典球的交往述略》发表于2017年第11期《湖南科技学院学报》上。

2018年1月,我在广东顺德给女儿带小孩,一天在读《且以优雅过一生:杨绛传》时,脑子里突然冒出一个念头来:自己可以写一部《钱锺书在蓝田》。

在涟源过完春节,回到农村,我便着手此书的写作,没想到写得十分顺利。从2018年2月17日(正月十二)开始,妻子忙家务,照顾老人,喂养鸡群,种植蔬菜,我就在楼上简陋的书房里写作。白天窗外竹影婆娑,晚上天花板上不时有老鼠在奔逐。屋前路上,行人边走边聊,由远而近,由近而远;屋后院里公鸡喔喔,母鸡咕咕,邻居家不时犬吠声声。天冷时,妻子提一煤球炉进来,房子里暖意洋洋。到4月2日,完成了全书23章11万余字的草稿。

4月5日,是清明节了,以此献给去世快18年、曾是20世纪50年代的湖南师范学院学生的父亲,九泉有知的话,他一定高兴。

12月1日,将是国立师范学院创办80周年纪念日。湖南师范大学已在4月3日的《光明日报》上发布了《湖南师范大学80周年校庆公告(第一号)》,公告里说:"湘江水碧,衡岳枫香。文以化人,在序在庠。蓝田肇始,岳麓恢扬;湖南师大,源远流长。仁爱精勤,汇天地之元良;

景德至善，追日月而留芳。陶钧俊彦，范示三湘；作育英才，声闻九纲。思源志远，喜迎八十华诞；彰往考来，再续百年辉煌。……"

明年12月4日，是钱锺书从上海来蓝田80周年纪念日。

出版此书，将是最好的纪念。

吴勇前

2018年4月3日于涟源市龙塘镇龙欣村（原上石塘村）松谷园

2018年4月25日第三次修改完毕